리더의 시
리더의 격

탁월한 리더를 위한
인문 경영 바이블

詩

리더의 시

리더의 격

格

고두현 · 황태인

한국경제신문

추천사

질풍노도의 시대. 한 치의 앞도 내다보기 힘든 격변의 시대에 우리에게 필요한 것은 리더십이다. 산더미 같은 파도가 밀려올 때 선원들은 선장의 얼굴을 본다. 어려울 때일수록 조직이 나아가는 방향을 잘 잡아주고 직원의 사기를 북돋아주는 것이 리더의 역할이다. 어떠한 위기에도 굴하지 않고 헤쳐 나갈 수 있는 용기, 상호 존중하고 경청하며 쌓아가는 신뢰 속에서 통찰의 지혜를 발휘할 때다. 이 책은 우리에게 필요한 이성과 감성을 시와 고전, 그리고 시대를 앞서간 위대한 경영자들의 좋은 습관을 통해 우리가 나아갈 방향을 제시하고 있다. 차가운 이성과 따뜻한 감성의 조화, 즉 따뜻한 머리와 차가운 가슴을 갖게 해주는 책이다.

김재철(동원그룹 명예회장)

정보통신의 전문가로 대기업 CEO를 역임한 경영자가 한 시인의 아침 시편을 받고 답을 보내면서 시작된 글은, 여러 유명 시들과 함께 시인의 영감과 경영자의 지혜가 만나는 접점에서 리더에게 필요한 통찰과 품격에 대한 예시로 이어진다. 특히 공군 사관학교 교관을 역임한 인연으로 추락의 순간까지 민가의 피해를 막기 위해 조종간을 놓지 않았던 전투 조종사의 사명감과 애국심에 대한 찬사의 글은 감동적이다.

이억수(제26대 공군 참모총장 (예)대장)

가장 짧은 문장으로 긴 여운을 선사하는 시인, 희박한 가능성에서 풍성한 결실을 만드는 경영자가 서로 닮았다는 점이 깊은 울림을 준다. 나는 항상 치밀하게 준비하고, 함께 일하는 직원을 신뢰하며 합을 이뤄 나가는 '오케스트라 리더십'을 강조해왔다. 한 편의 시와 한 기업의 경영성과가 갑자기 이뤄지는 것이 아니듯, 시인과 경영자 두 사람의 오랜 통찰이 담긴 이 책을 통해 많은 이들이 영감을 얻기 바란다.

오명(뉴욕주립대학교 명예총장, 전 부총리)

탁월한 리너는 인생에서 때때로 찾아오는 고비와 위기의 순간, 마음의 정화가 필요할 때 시에서 영감을 얻는다고 한다. 이 책에는 저자인 시인과 경영자가 오랜 시간 축적해온 다양한 경험과 독서의 흔적, 삶의 지혜가 온전히 채워져 있다. 개인과 조직, 나아가 삶을 더 가치 있게 변화시킬 수 있는 혜안을 제시한다. 미래가 두렵고 현재가 불안한 동시대 많은 리더들에게 마음의 위안과 공감이 되는 든든한 등불이 되어줄 것이다.

전광우(세계경제연구원 이사장, 전 금융위원장)

결국 세상의 이치는 학문이나 예술, 기업 경영이라고 해서 다를 바가 없음을 저자들은 이 책을 통하여 설파하고 있다. 다양한 시인들이 던진 시어들을 화두로 삼아 풀어내는 내공이 가득 찬 에피소드들은 독자들에게 재미와 교훈을 가득 선물한다. 실수와 실패는 마음을 깊게 할 것이고, 감사와 배려는 성공을 이끄는 지름길이 될 것이라는 당연한 이치를 쉽게 풀어내고 있다. 마음을 열고 세상을 다스리는 법을 알기 원하는 모든 시민, 경영자에게 권한다.

최양희 (한림대학교 총장, 전 미래창조과학부 장관)

시와 경영, 이질적으로 보이는 두 분야를 시인의 영감과 경영자의 지혜로 잘 연결시킨 책이다. 무엇보다 내용이 신선하고 재미가 있다. 시를 해석하고 음미하

는 사이에 언어지능과 감성지능이 올라가고, 경영에 필요한 혜안과 통찰력이 생김을 느낀다. 각 분야의 리더들에게 인생을 살아가는 지혜를 일깨우는, 지금 이 시대의 필독서다.

박상길(김&장 법률사무소 변호사, 전 대검찰청 중앙수사부장)

시인과 경영인의 멋진 콜라보레이션이다. 시를 쓰는 것도, 경영을 하는 것도 마음이 중요하다고 본다. 자기 성찰과 깨달음, 더 좋은 세상을 위한 두 저자의 따뜻한 마음이 느껴졌다. 특히 황태인 박사의 공군 사랑, 나라 사랑의 마음이 큰 감동을 주었다.

윤은기(한국협업진흥회 회장, 전 중앙공무원교육원장)

첫눈에 돋보이는 책이다. 짧은 몇 마디로 지혜와 경고를 전하는 시인의 능력을 CEO의 생산 능력에 비추어 전하고 있다. 리더는 때로는 외롭지만 인생의 나침반을 붙잡고 지뢰밭 삶을 헤쳐 나가야 한다. 모두가 겪는 감정이지만 이를 제대로 읊어내지는 못할 때, 우리 마음에 와닿는 시가 있다면 얼마나 좋은가. 두고두고 읽고 싶은 시와 본인의 경험담을 녹여내어 리더의 덕목을 이야기하고 있는 저자들의 시각이 우리의 눈과 마음을 사로잡는다.

임홍재(서울대학교 객원연구원, 전 주베트남·이란 대사)

오랜 지우(知友)인 황태인 박사로부터 원고를 건네받고 시와 경영이라는 어울릴 것 같지 않은 조합으로 지레짐작하고 첫 페이지를 읽자마자 나의 생각이 틀렸음을 금세 알 수 있었다. 고두현 시인의 인문학적 통찰이 빛나는 시의 선택과

심도 깊은 해석은 물론, 황 박사의 성장과정에서부터 우리나라 정보통신 부문의 개척자이자 상장기업의 CEO로서 그가 몸소 체득한 삶과 경영의 지혜가 투박하지만 진실한 언어로 다가왔다. 인문과 경영의 만남은 이제 ESG경영 시대의 대세이고 화두다. 이 책이 참다운 지혜에 목말라하는 독자들에게 감로의 샘물이 될 것임을 믿어 의심치 않으며 일독을 추천한다.

고영일(인뭑 · 미국 쌍인회계사, 선 우리회계법인 대표)

CEO는 늘 휴머니티를 탐구하고 그것을 소통하는 사람이다. 시장과 고객 속에 내재되어 있는 상식적이고 보편화된 철학과 가치를 쫓는다. 그래서 CEO의 언어는 시어처럼 간결해야 한다. 두 저자의 품격 있는 시담(詩談)이 옅어진 우리 사회의 격을 바로 세우고, 진정어린 소통과 교감을 통해 삶의 정체성을 되짚게 한다. 인문학적 소양을 통해 기업의 경제적 성과를 더 큰 사회적 가치로 키워내고자 하는 많은 리더들에게 일독을 권한다.

김효준(BMW Group Korea 고문 · 연세대학교 경영대학 특임교수)

시인의 영감과 경영자의 촉이 만날 때

한 시인이 금요일마다 '아침 시편'을 보냈습니다. 시 한 편과 거기에 얽힌 사연을 담은 이메일 편지였지요. 그 편지를 받고 답장을 보내는 사람들이 생겼습니다. 시를 좋아하는 독자와 문학 지망생, 시낭송가, 전문경영인, 벤처 창업가……

이 가운데 특별한 사람이 있었습니다. 오랜 경륜을 지닌 기업가이자 회사를 몇 개나 설립한 창업가였지요. 지식과 경험의 폭은 넓고 생각은 아주 젊었습니다. 답장 내용도 흥미로웠습니다.

두 사람은 처음에는 주로 자기 얘기를 하다가 서로 같은 방향을 바라보고 있다는 걸 점차 깨달았습니다. 마치 각기 다른 밭에서 같은 색깔의 꽃망울을 피워 올리는 농부들처럼 말이지요. 하나의 뿌리에서 여러 가지 열매를 다양하게 맺는 나무를 닮은 듯도 했습니다. 그 과정에서 시의 행간에 숨은 은유의 무늬를 함께 발견하기도 했죠.

실로 베를 짜고 고삐로 말을 다루듯

한 사람은 시인이자 한국경제신문 논설위원, 한 사람은 미국 AT&T 벨 연구소 출신으로 동양시스템즈 대표를 지내고 벤처기업들을 창업한 토브넷 회장입니다. 둘의 교감은 공감과 감동으로 이어졌죠. 그 교감의 결실이 바로 이 책입니다.

예를 들자면, 어느 날 시인은 함민복 시 〈우표〉를 읽고 그 속에 나오는 우편배달부 아저씨의 따뜻한 마음에 감복합니다. 이후 라틴어로 '심장을 내어준다'는 뜻의 '격려'에 대해 깊이 생각하고 편지를 씁니다. 이를 본 경영인은 "저에게도 따뜻한 격려로 용기를 북돋워준 분들이 있습니다"라며 재수할 때 만났던 '세상의 은인'을 비롯해 세 분의 '귀인' 얘기를 찬찬히 털어놓습니다.

소동파가 귀양 갔던 '3주(州)'의 공통점과 관련해서는 애플, 3M, 에어비앤비의 사례를 들어 '실패는 혁신의 어머니'라는 진리를 일깨우지요. '싸우지 않고 이기는 목계(木鷄)의 지혜'와 '꽃필 차례가 바로 그대 앞에 있다', '급행열차를 놓친 것은 잘된 일이다' 등의 교훈도 함께 주고받습니다.

시와 경영은 많이 닮았습니다.

시(詩)라는 한자는 '말씀 언(言)'과 '절 사(寺)'로 이뤄져 있어 흔히 '말씀의 사원'이라고 하지요. 하지만 '절 사'는 중국에 불교가 전래된 이후에 생긴 의미입니다. '사'로 읽으면 '집'이지만, '시'로 읽을 땐 '관청'을 뜻하지요. 그래서 시는 관청의 규율과 법칙, 운율과 형식을 갖춘 언어를 의미합니다. 여기에는 '뜻이 나아가는 바를 말로 나타낸다'와 '손을 움직여 일한다'는 의미도 내포돼 있지요.

영어 단어 시(poetry)는 '만들다'를 뜻하는 고대 그리스어(poesis)에서 유래했습니다. 이는 '제작하다'라는 뜻을 지닌 동사(poiein)에서 파생됐죠. 시인(poet)이라는 단어 역시 '창작하다, 발명하다, 만들다'에서 나온 것입니다.

경영(經營)은 어떤가요. '지날 경(經)'은 '다스리다'와 '날실'을 뜻합니다. 실(糸)이 베틀 사이로 지나가듯이 기초를 닦고 차근차근 일을 해나간다는 것입니다. '경영할 영(營)'은 불(火)을 켜고 집(宮)에서 밤늦도록 일하듯 무언가를 '계획하고 짓는다'는 의미를 지니고 있습니다.

영어 단어 경영(management)의 어원도 라틴어로 손(manus)이죠. 이게 13세기 이탈리아어의 말고삐를 다루는 능력(maneggiare)으로 이어졌으니, 고삐를 쥐고 말을 잘 다룬다는 얘기입니다.

시인이 별을 보면 경영자는 땅을 고르고

시인과 경영자의 닮은 점도 많군요. 둘 다 무언가를 만들거나 능숙하게 다룰 줄 아는 사람입니다. 시가 '가장 짧은 문장으로 가장 긴 울림을 주는 것'이라면, 경영은 '가장 희박한 가능성에서 가장 풍성한 결실을 이루는 것'이지요. 시인이 하늘의 별을 우러러보면 경영자는 발밑의 땅을 고르고 이랑을 돋웁니다. 이럴 때 시인의 영감과 경영자의 촉수가 동시에 빛나지요.

시인의 영감은 어디에서 오는 걸까요. 셰익스피어(Shakespeare)는 희극《베니스의 상인》에서 "그것이 어디에서 자라는지 가르쳐주십시오. 마음속에서입니까? 아니면 머릿속에서입니까?"라고 묻습니다. 그것은 마음도 머리도 아닌 온몸에서 나오지요. 몸속 세포에 각인된 경험과 상상의 총합이 곧 영감입니다.

프랑스 화가 니콜라 푸생(Nicolas Poussin)이 그린 〈시인의 영감〉에서 아기천사가 월계관과 책을 동시에 들고 시인 옆에 머물러 있는 장면이 이를 상징적으로 보여줍니다. 이 그림 중앙에 아폴론(Apollon)이 악기(리라)를 안은 채 앉아 있고, 왼쪽에 시의 뮤즈 칼리오페(Calliope)가 플루트를 들고 서 있지요. 맞은편에는 젊은 시인이 펜을 들고 하늘을 올려다보며 영감을 기다리고 있습니다. 그의 머리 위에서 아기천사가 월계관을 막 씌워주려는 모습을 보면, 곧 번득이는 영감이 시인에게 내릴 것만 같죠?

시인의 영감과 같이 경영자의 감각을 확장시키는 매개는 정신의 촉(觸)입니다. '마케팅의 신'으로 불리는 필립 코틀러(Philip Kotler)가《마켓 3.0》에서 "기업이 영성을 알아야 한다"라고 강조한 것도 같은 맥락이지요. 경영자야말로 시인의 영감을 섬세하게 포착해서 영혼이 담긴 브랜드와 제품을 만드는 사람입니다.

잘 알려져 있듯이 애플의 스티브 잡스(Steve Jobs)는 영국 시인 윌리엄 블레이크(William Blake)의 시에서 아이디어를 얻었죠. 나이키 창업자 필 나이트(Phil Knight)는 도서관에 들어갈 때 구두를 벗어들 정도로 시를 숭배했습니다. '신용카드의 아버지' 디 호크(Dee Hock)가 비자를 창업할 때 영감을 얻은 건 페르시아 시인 오마르 하이얌(Omar Khayyām)의 시집《루바이야트》였지요.

우리나라에도 시에서 영감을 얻는 경영자가 많이 있습니다. 신창재 교보생명 회장은 계절이 바뀔 때마다 '광화문 글판'에 시를 새기고 한국문학 번역·연구·출판과 대산문학상까지 지원해 한국시인협회로부터 '명예 시인' 칭호를 받았지요. 그는 "삶을 돌아보고 성찰하게 하는 시가 우리를 위로하고 성장하게 돕는다"며 시의 함축적인 의미로 공감대를 넓히곤 합니다.

박성훈 재능그룹 회장도 '명예 시인'이죠. 그는 1977년 재능교육을 창업한 이래 교육 기업에 시와 인문의 향기를 접목해왔습니다. 전국 최대 규모의 재능시낭송대회를 30년 이상 이어오고, 서울 혜화동 재능문화센터(JCC) 설계를 세계적인 건축가 안도 다다오(安藤忠雄)에게 맡긴 것도 남다른 '시사랑' 덕분이었지요.

박현주 미래에셋그룹 회장은 딱딱한 금융업에 부드러운 시의 옷을 입혔습니다. 지금도 창립기념일 등 주요 행사에서 "잊지 말라/ 지금 네가 열고 들어온 문이/ 한때는 다 벽이었다는 걸// 쉽게 열리는 문은/ 쉽게 닫히는 법/ 들어올 땐 좁지만/ 나갈 땐 넓은 거란다"(고두현, 〈처음 출근하는 이에게〉 부분)는 시구를 인용하며 "벽을 문으로 바꾸고, 좁은 문을 넓은 길로 만드는 혁신가가 되겠다"고 다짐하지요.

김영섭 LG CNS 사장은 명함에 멋진 한시 구절을 오려 붙이고 다닐 정도로 시를 좋아합니다. 고사성어도 막힘이 없지요. 사장 취임 때부터 "해현경장(解弦更張, 거문고 줄을 바꾸어 매듯, 느슨해진 것을 다시 긴장하도록 고치는 것)과 사요무실(事要務實, 일을 하는 데 중요한 것은 실질에 힘쓰는 것)의 의미를 되새기며 새롭게 나아가자"는 메시지로 '시 경영'을 시작했습니다. 이를 바탕으로 업계 최고의 성장 신화를 매년 새롭게 쓰고 있습니다.

리더의 격을 높여주는 언어 지능과 감성 지능

교과서에 나오는 〈추일서정〉, 〈와사등〉의 시인 김광균은 6·25 때 납북된 동생의 무역 회사를 떠맡아 '시인 경영자'가 됐지요. 나라 경제가 어렵던 1960년, 한국무역협회 부회장을 맡아 수출보국에

진력했습니다. 항산(恒産, 일정한 생산)에서 항심(恒心, 안정된 마음)이 나온다는 이치도 일깨워줬지요. 그야말로 "분수처럼 흩어지는 푸른 종소리" 같은 가르침을 남겼습니다.

이렇듯 시인의 영감과 경영자의 지혜가 만나는 접점에서 새로운 통찰의 문이 열립니다. 꼭 기업 경영자에게만 해당하는 건 아니지요. 작든 크든 조직과 단체를 이끄는 모든 리더에게 꼭 필요한 통찰의 문이 곧 시인의 영감과 경영자의 촉입니다.

이것이 곧 사람의 격, 인격과 품격을 결정하기도 하지요. 품격을 뜻하는 '품(品)'에는 '입 구(口)'가 세 개나 있습니다. 평생 주고받는 말과 평판이 쌓여 그 사람의 인격을 이룬다는 뜻이죠. '격(格)'은 나무(木)가 각각(各) 똑바로 자라도록 한다는 의미를 갖고 있습니다. 서양의 격(dignity)도 '여러 사람을 위한 명예로운 가치'를 가리킵니다.

그러고 보니 시(詩)와 품(品)과 격(格)에 공통으로 들어가는 것이 입(口)이군요. 언어(言語)라는 단어에도 입(口)이 세 개 들어 있습니다. 고대 그리스 시인 소포클레스(Sophocles)가 "품격과 지혜(시)는 세상의 모든 부를 뛰어넘는다"고 말한 것 역시 이런 원리에서 나왔지요.

시는 언어 지능과 감성 지능을 동시에 높여줍니다. 시가 뇌의 특정 영역을 자극한다는 사실은 여러 실험으로도 밝혀져 있지요. 영국 연구진에 따르면 시를 읽으면 여러 겹의 의미와 이미지를 떠올릴 때 뇌의 특정 부위가 활발하게 반응합니다. 이는 현실의 여러 문제를 해결하는 데도 도움을 주지요. 시를 해석하고 음미하는 것만으로 통찰력을 기를 수 있습니다. 리더십과 실적이 향상되면 '경영의 월계관'까지 쓸 수 있으니 이보다 더 좋을 수 없겠지요.

2022년 가을

고두현 · 황태인

차례

2부

3부

4부

— 1부 —

詩
格

리더의 시
리더의 격

'시'에서
발견한
삶의 지혜

+

'경영'에서
깨달은
일의 품격

격려

심장을 내어준 우편배달부

우표
_____

함민복

판셈하고 고향 떠나던 날

마음 무거워 버스는 빨리 오지 않고

집으로 향하는 길만 자꾸 눈에서 흘러내려

두부처럼 마음 눌리고 있을 때

다가온 우편배달부 아저씨

또 무슨 빚 때문일까 턱, 숨 막힌 날

다방으로 데려가 차 한잔 시켜주고

우리가 하는 일에도 기쁘고 슬픈 일이 있다며

공업고등학교를 졸업하고 어린 나이에 또박또박

붙여오던 전신환 자네 부모만큼 고마웠다고

어딜 가든 무엇을 하든 열심히 살라고

손목 잡아주던

자전거처럼 깡마른 우편배달부 아저씨

낮달이 되어 쓸쓸하게 고향 떠나던 마음에

따뜻한 우표 한 장 붙여주던

● ○ ●

요즘같이 어려울 때 마음에 위로가 되는 시입니다. 우표로 상징되는 우편배달부의 속 깊은 정이 애잔하면서도 따뜻하지요. 첫 줄에 나오는 '판셈'은 빚잔치를 말합니다. 남은 재산으로 빚돈을 모두 청산하고 맨주먹으로 다시 시작한다는 의미죠.

함민복 시인은 어려서부터 집안 형편이 좋지 않아 인문계 고등학교 대신 수도전기공고로 진학했습니다. 졸업 후 경주에 있는 월성원자력발전소에서 4년간 일했지요. 이 시의 "공업고등학교를 졸업하고 어린 나이에 또박또박/ 붙여오던 전신환 자네 부모만큼 고마웠다고"라는 대목처럼 그는 월급을 아껴서 집에 우체국 전신환을 또박또박 보냈습니다.

하지만 가난의 굴레에서는 좀처럼 벗어나지 못했지요. 그사이에 우편배달부는 빚 독촉 우편물을 전하며 안타까워했고요. 급기야 빚잔치를 하고 "낮달이 되어 쓸쓸하게 고향 떠나던" 날 "두부처럼 마음 눌리고 있을 때" 그 배달부가 다가왔습니다. "또 무슨 빛 때문일까 턱," 하고 숨이 막힐 만도 했겠죠.

그다음 순간 반전이 일어났습니다. 배달부는 그를 다방으로 데려가 차를 한잔 시켜주고는 "어딜 가든 무엇을 하든 열심히 살라고" 위로하면서 손목을 잡아줬습니다. "자전거처럼 깡마른" 아저씨가 건넨 특별한 격려는 외롭고 쓸쓸한 그의 마음에 붙여준 "따뜻한 우표 한 장"이었지요. 그 우표는 훗날 그가 다시 일어설 수 있는 든든한 디딤돌이 됐습니다.

'격려'는 라틴어로 '심장을 준다'는 뜻

이 시를 읽을 때마다 어릴 적 저에게 힘이 돼줬던 한 사람을 떠올립니다. 중학교 1학년 때 아버지가 돌아가신 날, 절집에 함께 살던 처사 하석근 아저씨가 밤늦게 저를 밖으로 불러내서는 한참 만에 말을 꺼냈습니다.

"나는 니보다 더 어릴 때 아부지가 돌아가셨는데, 그 뒤로 한 번도 기를 못 펴고 살았다. 니는 절대로 그러지 마라. 평생 무슨 일이 있어도… 기죽으면 안 된대이."

그날 밤 아저씨가 해준 그 한마디는 제가 힘들고 지칠 때 기죽지 않고 꿋꿋이 살아갈 수 있는 힘이 돼줬습니다. 나중에는 〈하석근 아저씨〉라는 시까지 낳게 해줬지요.

'격려(encouragement)'라는 말은 라틴어 '심장(cor)'에서 나왔습니다. 풀이하자면 '심장을 준다'는 뜻이지요. 뜨거운 심장을 주듯 마음의 뿌리를 덥혀주는 게 격려입니다. '용기(courage)'라는 말 역시 같은 어원에서 나왔으니 그 뿌리도 '심장'이지요.

함민복 시인에게는 '심장을 내어준' 사람이 우편배달부 아저씨였습니다. 그 아저씨 덕분에 힘을 얻고 마음을 다잡은 그는 원자력발전소에서 틈틈이 공부해 남보다 늦게 서울예술대학교 문예창작과에 들어갔습니다. 2학년 때 〈세계의 문학〉을 통해 등단한 이후 수많은 시로 사람과 세상을 위로했지요.

그가 강화도에 자리를 잡은 것은 1996년입니다. 마니산에 놀러 갔다가 너무 좋아 인근 폐가를 빌려 정착했다고 하더군요. 그는 월세 10만 원짜리 방에서 바다와 갯벌을 노래하다 생활비가 떨어지면 방 가운데 빨랫줄에 걸린 시 한 편을 떼어 출판사로 보내곤 했습니다.

심장은 왜 왼쪽에 있을까

"시 한 편에 삼만 원이면/ 너무 박하다 싶다가도/ 쌀이 두 말인데 생각하면/ 금방 마음이 따뜻한 밥이 되네"(시 〈긍정적인 밥〉 부분)라던 시인은 50세에 동갑내기 '문학소녀'를 만나 결혼했지요. 둘이서 '길상이네'라는 인삼가게를 열었고, 이제는 번듯한 집도 지었습니다. 이만하면 옛날 "판쎔하고 고향 떠나던 날"에 비해 '큰 부자'가 됐지요. 이런 게 다 "마음에/ 따뜻한 우표 한 장 붙여주던" 우편배달부 아저씨 덕분일 것입니다.

함민복 시인의 심성은 그의 시 제목처럼 "말랑말랑한 힘"과 "선천성 그리움"의 경계에서 피는 꽃을 닮았습니다.

"사람 그리워 당신을 품에 안았더니/ 당신의 심장은 나의 오른쪽 가슴에서 뛰고/ 끝내 심장을 포갤 수 없는/ 우리 선천성 그리움이여/ 하늘과 땅 사이를/ 날아오르는 새떼여/ 내리치는 번개여."(시 〈선천성 그리움〉 전문)

이 시를 보면서 또 생각합니다. 심장은 왜 왼쪽에 있을까요? 보고 싶으면 두근거리고, 마주 보면 콩닥거리고, 안아보면 화끈거리는 영혼의 숯불이기 때문일까요. 서로 껴안으면서 상대의 오른쪽 가슴을 달구는 "선천성 그리움"의 잉걸불이기 때문일까요.

그곳에선 "끝내 심장을 포갤 수 없는" 운명 때문에 "하늘과 땅 사이를/ 날아오르는 새떼"처럼 화들짝거리고, "내리치는 번개"보다 더 뜨거운 사랑이 혈관처럼 팔딱거립니다. 지금 강화에 가면 시인의 왼쪽에서 "선천성 그리움"의 몸짓으로 환하게 웃고 있는 동갑내기 부인을 만날 수 있습니다.

그곳에서 "긴 상이 있다/ 한 아름에 잡히지 않아 같이 들어야 한다/ 좁은 문이 나타나면/ 한 사람은 등을 앞으로 하고 걸어야 한다/ 뒤로 걷는 사람은 앞으로 걷는 사람을 읽으며/ 걸음을 옮겨야 한다"로 시작하는 함민복 시 〈부부〉의 진정한 의미와 인생의 또 다른 속내를 발견할 수도 있답니다.

우리 인생의 귀인

함민복 시 〈우표〉의 우편배달부처럼 여러분에게도 인생의 귀인이 있나요? 저에게는 귀인 하면 곧장 떠오르는 분이 있습니다. 돌아보면 미국에서 유학을 마치고 글로벌 기업과 국내 대기업 CEO까지 지냈지만, 당시에는 장차 무엇이 될지도 모르는 청년일 뿐이었죠. 그런 저를 따뜻하게 격려하고 용기를 북돋워준 고마운 분이 계십니다.

어두운 세상의 등불

저는 1970년에 대전고등학교를 졸업하고 서울대학교 전자공학과에 응시했다가 낙방하고 말았습니다. 첨단 분야인 전자공학을 꼭 공부하고 싶었기에 재수를 하기로 결정했습니다. 많은 고민 끝에 서울 정일학원에서 공부하려고 모교 교장 선생님에게 소개받은 홍철화 원장님을 처음 뵈었습니다. 당시 정일학원은 생긴 지 얼마 되지 않은 신생 학원이었습니다. 홍철화 원장님은 저를 보자마자 이렇게 말씀하셨습니다.

"훌륭한 교장 선생님이 추천해준 학생이지만 그래도 실력을 검증해봐야겠지?"

저는 일종의 선발 시험을 보고 다행히 좋은 결과를 받아 그해 정일학원 2기생으로 장학금까지 받으며 공부할 수 있었습니다.

홍 원장님은 몸소 실천하는 젊은 경영인이자 다정다감한 참 교육자였습니다. 그분의 지도 아래 일 년간 열심히 공부하고 마침내 서울대학교 전자공학과에 입학했습니다. 그때 원장님은 너무나 기뻐하며 대학 입학금을 흔쾌히 대주고 가정교사 일자리도 마련해주셨습니다. 대학을 졸업한 뒤 공군 학사장교로 임관해 전역할 때까지 많은 도움을 주셨습니다.

이후에도 정일학원 초창기 멤버 30여 명은 원장님을 중심으로 정우회라는 친목 모임을 결성해 수시로 정을 나눴습니다. 2012년에 원장님께서 작고했을 때 나를 포함한 많은 제자가 장지까지 운구하며 슬픔을 함께했던 기억이 있습니다. 청년 시절부터 꿈과 희망을 심어준 원장님은 인생의 귀인이었습니다.

두 번째 귀인은 저의 결혼식에 주례를 서준, 조계종 총무원장을 지내고 2012년 입적한 지관스님입니다. 당시 스님께 주례를 부탁하기 위해 성북구 동소문동에 있는 조그만 청룡암 암자에 가서 처음 인사를 드렸죠. 스님을 처음 뵈었을 때 그야말로 눈에 광채가 흐르고 인자하시며 부처님이 말씀하시는 것 같았습니다.

그런데도 저는 너무나 당돌하게 주례사에 종교적인 말씀은 하지 말아 달라고 했습니다. 지금 생각해 너무 철이 없고 당돌했죠. 그날 스님께서 이렇게 말씀하셨습니다.

"결혼하는 두 사람이 앞으로 종교를 갖고 안 갖고는 자유지만 너무 어느 한 종교에 집착하지 마시게."

저는 지금도 그 말씀을 항상 명심하며 살아오고 있습니다. 그 후 미국 유학 중에도 신문을 통해 지관스님께서 동국대학교 총장도 역임하고, 해인사 주지 스님이 되었다는 소식을 들었습니다. 귀국 후에는 조금 더 한가해지시면 찾아뵈어야지 했는데, 어느 날 경국사에서 입적하셨다는 소식을 듣고 부랴부랴 가게 되었지요. 그러나 이미 영정 앞에서 눈으로만 얘기할 수 있었죠. 우리에게는 어떤 인연이나 그 인연이 무한정 있는 게 아니라는 사실을 깨달았고, 지금 있을 때 잘해야 한다는 교훈을 얻었습니다.

마지막 귀인은 2001년 작고한 장모님 홍순경 여사입니다. 남다른 지혜와 혜안으로 3남 5녀를 훌륭하게 키우셨고 저에게도 큰 힘이 돼주셨습니다. 귀국한 뒤 매사에 서툴렀던 사회 초년병 시절부터 미래의 삶을 잘 예견하고 설계하도록 인도해주셨지요.

누구나 살면서 많은 인연을 만납니다. 그 인연을 소중하게 잘 가꾸면서 좋은 일을 쌓아가면 또 다른 귀인을 만날 수 있습니다. 어두울 때 등불이 되어준 세 분께 지금도 무한히 감사한 마음입니다. 자신에게 힘이 되어준 귀인이 있다면, 지금 바로 마음을 움직여 소중한 인연의 끈을 더욱 두껍게 하라고 당부하고 싶습니다.

우리가 만나는 사람은 일생을 두고 우리에게 큰 재산이 됩니다. 우리가 앞으로 큰 어려움이 닥칠 때나 곤경에 빠졌을 때 누가 귀인이 될지 알 수 없습니다. 그런 귀인을 내 주변에 두고 있는 것만으로도 우리는 인복이 있는 사람입니다. 인복이라는 것도 결국 우리가 만드는 것입니다.

테크닉만으로는 귀인을 얻을 수 없다

인복이 있는 사람은 다른 사람을 소중히 여기고 관계를 충실히 합니다. 우리가 사교적인 태도와 현란한 화술로 사람을 대하다 보면 아는 사람은 많이 생기겠지만 귀인을 만나기는 어렵다는 사실을 명심해야 합니다.

그러면 귀인을 만나기 위해서 어떻게 해야 할까요? 귀인을 만나려면 우리가 먼저 호의를 베풀고 다른 사람들을 진심으로 대하려는 마음을 갖고 노력해야 합니다. 처음에는 방법이 서툴러도 진심은 통하게 됩니다. 단순히 사람을 사귀는 테크닉만으로는 귀인을 얻을 수 없습니다. 다른 사람을 대할 때 잔재주만 부리면 우리 주변에 남아 있을 사람은 없게 됩니다. 특히 필요에 따라서 관계를 이용하려고 마음을 먹으면 어렵게 유지되던 친구 사이가 어색해지기 쉽습니다. 누구를 대해도 진솔하게 대하는 것만이 귀인을 얻을 수 있고 관계를 길게 지속할 수 있는 길임을 잊지 마세요.

선택과 정진

붓 1,000자루를 닳게 한 추사의 신필

부작란 _ 벼루에게

이근배

다시 대정(大靜)에 가서 추사를 배우고 싶다

아홉 해 유배살이 벼루를 바닥내던

바다를 온통 물들이던 그 먹빛에 젖고 싶다

획 하나 읽을 줄도 모르는 까막눈이

저 높은 신필을 어찌 넘겨나 볼 것인가

세한도(歲寒圖) 지지 않는 슬픔 그도 새겨 헤아리며

시간도 스무 해쯤 파지(破紙)를 내다 보면

어느 날 붓이 서서 가는 길 찾아질까

부작란 한 잎이라도 틔울 날이 있을까

●　○　●

이 시에 나오는 '대정'은 추사 김정희(1786~1856)가 유배 살던 귀양지입니다. 추사가 여섯 차례의 국문 끝에 초주검이 돼 제주도 대정골에 유배된 것은 54세 때인 1840년이었지요. 가까스로 죽음은 면했지만 도성에서 가장 먼 섬으로 쫓겨났으니 돌아갈 기약이 없었습니다. 언제 사약을 받으라는 금부도사의 행차가 있을지 모르는 나날이었죠.

그곳에서 9년을 보내는 동안 추사는 '먹빛' 같은 바다를 보며 벼루에 바닥이 날 정도로 글과 그림에 몰두했습니다. 그 외롭고 쓸쓸한 적소(謫所)의 어둠 속에서 탄생한 걸작이 조선 문인화의 대표작으로 꼽히는 〈세한도〉입니다.

〈세한도〉는 '추운 계절을 그린 그림'이라는 뜻이지만 여기서 추위는 엄혹한 세태를 상징하기도 하지요. 그 속에는 "그림에서 문자향서권기(文字香書卷氣, 문자의 향기와 서책의 기운)가 느껴져야 한다"는 추사 특유의 화론(畵論)이 녹아 있습니다.

'신춘문예 5관왕' 초유의 진기록 보유자
추사가 이곳에서 그린 또 다른 작품이 〈부작란(不作蘭)〉입니다. 난을 그리고도 그것을 그리지 않았다는 제목의 이 그림에 그는 "난을 치지 않은 지 스무 해 만에 뜻하지 않게 깊은 마음속 하늘을 그려냈다"는 글귀를 덧붙였지요. 엷은 먹빛으로 그린 난은 연약

한 듯하지만 구부러진 획에서는 강인한 힘이 느껴집니다.

이근배 시인이 이 그림을 보고 "저 높은 신필(神筆)을 어찌 넘겨나 볼 것인가"라고 탄복한 것도 그 속에 웅숭깊은 '슬픔'이 담겨 있기 때문이지요.

'신필'의 경지는 그냥 나온 게 아니었습니다. 추사는 슬프거나 힘들 때, 억울할 때에도 붓을 들었습니다. 글씨가 마음에 들 때까지 다시 썼죠. 그렇게 쓰고 또 쓴 글씨로 마침내 추사체(秋史體)를 완성했습니다. 그는 70 평생에 10개의 벼루를 갈아 없애고 1,000자루의 붓을 다 닳게 했습니다. 그 정신을 이어받은 이근배 시인도 벼루를 1,000점 이상 소장하고 있다는군요.

이근배 시인이 등단한 지 벌써 60년이 넘었습니다. 그는 1960년 첫 시집 《사랑을 연주하는 꽃나무》를 펴내고, 이듬해부터 4년 동안 신춘문예 다섯 군데를 휩쓸었죠. 신춘문예 5관왕은 한국 문학 사상 초유의 진기록입니다. 1961년 서울신문 시조 〈벽〉과 경향신문 시조 〈묘비명〉으로 2관왕을 차지했고, 이듬해 동아일보 시조 〈보신각종〉, 조선일보 동시 〈달맞이꽃〉, 1964년 한국일보 시 〈북위선〉으로 5관왕을 달성했지요.

한국일보에 당선된 그해 동아일보에도 시가 당선됐는데, 두 군데 동시 당선이라 해서 한 곳을 포기해야 했습니다. 당시 신춘문예 당선 상금이 한국일보 5,000원, 동아일보 2,500원이어서 그는 상금이 많은 곳을 택했다고 합니다. 훗날 그는 "너무 가난하던 시

절이라 상금 주는 데가 많지 않아 자꾸 투고하기도 했지만 나중
엔 '너는 시조만 되고 자유시는 안 되지'라는 소리를 듣기 싫어서
시 부문에 다시 응모했다"고 말했죠.

붓이 서서 가는 신필의 경지

그가 태어난 곳은 충남 당진 읍내에서도 25리 떨어진 산골이었
습니다. 다행히 광복 다음 해인 1946년 학교에 들어가서 모국어
교육 원년 세대가 됐지요. 그는 스스로를 '한글둥이'라고 부릅니
다. 그의 모국어 사랑도 특별합니다.

"모국어는 어머니의 나라말이죠. 내 나라는 할아버지 조(祖)를
써서 조국(祖國)이라고 하는데 내 나라말은 어미 모(母)자를 쓰지
요. 우린 말을 배울 때 아버지가 아니라 어머니에게서 배웁니다.
뱃속에서부터 들려오는 소리가 모국어, 어머니의 말입니다."

젊어서는 "남들이 막장에 들어가 모국어의 보석을 캘 때 갱구
앞에서 부스러기 돌이나 줍고 있었다"('문학적 자전')며 겸손해했지
만, 그는 누구보다 뛰어난 우리 모국어의 연금술사입니다. 앞의
시 〈부작란〉에도 어머니의 말이 주는 감흥과 밀도 있는 성찰의
뿌리가 깊게 얽혀 있지요.

추사의 〈세한도〉와 〈부작란〉은 지금 우리에게 엄동설한을 맨
몸으로 꿋꿋이 이겨내는 송백의 정신과 권력 지향적인 세태의 어
둠을 동시에 비춰줍니다. "날씨가 추워진 다음에야 소나무 잣나

무의 시들지 않는 푸르름을 알 수 있다"던 세한도의 정신처럼 우
리도 한 20년쯤 '시간의 파지'를 내다 보면 "붓이 서서 가는" 명
철의 경계를 넘겨나 볼 수 있을지, 시인의 소망처럼 "부작란 한
잎이라도 틔울 날"이 있을지…….

인생은 선택의 총합이다

인생에 여러 축복이 있지만 가장 큰 축복은 좋은 만남입니다. 좋은 배우자, 좋은 친구, 좋은 동업자를 만나는 것이야말로 진정한 축복이라고 할 수 있습니다. 부부는 평생의 동반자이고 친구는 인생의 동반자이기 때문이죠.

"우리는 태어나서 죽는 날까지 만남의 연속이며, 그 만남은 선택이다."

프랑스 철학자 장 폴 사르트르(Jean Paul Sartre)의 말처럼 만남만큼 중요한 선택은 없습니다.

선택은 인생을 BCD로 볼 때 한가운데 C의 자리에 있습니다. 우리 인생은 B(Birth, 탄생)에서 시작해 D(Death, 죽음)로 끝나지만 그 중간에 C(Choice)라는 선택이 있지요. 어떤 선택을 하느냐에 따라 삶의 질이 결정됩니다. 살면서 어떤 사람을 만날 것인지, 어떤 장소에 갈 것인지 등을 결정하고 그러한 선택들이 모여 우리 인생을 만듭니다.

좋은 선택이 좋은 인생을 만든다

우리는 인생이 선택의 연속임을 유념해야 합니다. 항상 좋은 선택을 하면 인생이 행복해집니다. 그도 그럴 것이 우리는 하루에 150회나 선택의 기로에 놓인다고 합니다. 이 중에서 신중하게 고민하는 것은 30여 회에 불과하고, 올바른 선택으로 행복한 웃음을 짓는 일은 5회 정도 된다고 합니다.

이러한 사실만 봐도 피천득의 수필 〈인연〉 중 "어리석은 사람은 인연을 만나도 몰라보고 보통 사람은 인연인 줄 알면서도 놓치고 현명한 사람은 옷깃만 스쳐도 인연을 살려낸다"라는 구절을 떠올리게 됩니다.

미국의 서정시인 로버트 프로스트(Robert Frost)도 그의 시 〈가지 않은 길〉에서 우리는 인생에서 수많은 갈림길에서 선택을 고민하고 오랜 시간이 지난 뒤에는 그 결정에 대해 후회도 하고 만족도 하게 된다는 걸 표현합니다. 시의 마지막 구절을 인용해보겠습니다.

오랜 세월이 지난 후 어디에선가
나는 한숨지으며 이야기할 것입니다
숲속에 두 갈래 길이 있었고
나는 사람들이 적게 간 길을 택했다고
그리고 그것이 내 모든 것을 바꿔놓았다고

이 시처럼 그때 가지 않은 길을 선택했으면 분명 다른 결과가 일었겠죠? 우리 중에 누구도 두 길을 동시에 택할 수 없습니다. 하지만 잘된 선택도 잘못된 선택도 인생이라는 드라마 한 장면일 뿐입니다.

인생의 성패는 선택과 집중에 달렸다

세계 3대 테너 가운데 한 사람으로 유명한 루치아노 파바로티(Luciano Pavarotti)의 삶도 그랬습니다. 파바로티는 어렸을 때부터 성악에 재능을 보였지만 가난한 가정형편으로 고등학교 졸업 후 생계에 보탬이 되고자 교육학을 전공하고 초등학교 교사가 되었습니다. 그러나 성악가에 대한 꿈을 버리지 못하고 갈등했죠. 하지만 성악가가 된다 해서 그의 성공이 보장되는 것은 아니었습니다.

다행히도 파바로티에게는 현명한 아버지가 있었습니다. 아버지는 의자를 두 개 가져다가 파바로티 앞에 놓고 두 개를 멀리 떼어놓았습니다.

"아들아, 너는 이렇게 멀리 떨어져 있는 의자에 동시에 앉을 수 있겠니? 만약 그렇게 했다가는 앉기는커녕 바닥에 나뒹굴어 질 거야."

그것은 두 개의 의자에 동시에 앉을 수는 없고 반드시 한 의자만을 선택해야 하는 상황을 깨닫게 하는 충고였습니다. 파바로

티는 아버지에게 30세가 되어도 성악가로 성공하지 못하면 다른 길을 택하겠다고 약속했습니다. 그 뒤로 파바로티는 피나는 노력과 열정으로 세계적인 성악가로 성공했습니다. 이렇게 역사적으로 위대한 인물의 탄생에는 훌륭한 아버지나 어머니, 그리고 스승이 있습니다.

어떤 분야에서 세계적인 성공을 거둔 이들의 공통점은 선택과 집중을 잘한다는 데 있습니다. 우리의 인생은 선택의 연속이며, 그 선택에 대한 집중이 성패를 좌우합니다. 우리는 한 번에 두 가지를 잘하려 하기보다는 한 가지를 선택하고 모든 걸 걸어야 합니다. 인생의 길 끝에서 환하게 웃을 수 있는 삶을 살고 싶은가요? 그 삶은 자신이 선택한 가치에 부응하며 살아가야 이뤄집니다.

교감

의사 시인을 감동시킨 비누 두 장

비누 두 장

김기준

여리디 여린 당신의 허리춤에 긴 마취 침 놓고

두려움에 떨고 있는 당신의 눈을 보며

내가 할 수 있는 건 그저 손잡아주며

괜찮아요

괜찮아요

내가 옆에 있잖아요

그 순한 눈매에 맺혀 오는 투명한 이슬방울

산고의 순간은 이토록 무섭고 외로운데

난 그저 초록빛 수술복에 갇힌 마취의사일 뿐일까?

사각사각 살을 찢는 무정한 가위소리

꼭 잡은 우리 손에 힘 더 들어가고

괜찮아요

괜찮아요

내가 옆에 있잖아요

편히 감는 눈동자 속에 언뜻 스쳐 간 엄마의 모습

몇 달 후 찾아와서 부끄러운 듯 내어놓은

황토빛 비누 두 장

고맙습니다

고맙습니다

우리 아가 먹다 남은 초유로 만든 비누예요

그때 손잡아주시던 때

알러지로 고생한다 하셨잖아요

혼자 남은 연구실에서 한동안 말을 잊었네

기어코 통곡되어 눈물, 콧물 다 쏟았네

고맙습니다

고맙습니다

내가 더 고맙습니다

● ○ ●

제왕절개 수술 때 산모에게는 진정제를 투여하지 않는다고 합니다. 뱃속의 태아를 위해 척추마취만 한다는군요. 수술 도중 산모의 긴장과 불안은 극에 달합니다. 의료진의 다급한 목소리와 수술 기구들이 부딪치는 소리, 피부와 살을 찢는 소리를 무방비 상태로 들어야 하지요. 산모에게는 한없이 두려운 순간입니다.

그날도 그랬습니다. 그는 마취 침을 놓고 난 뒤 불안해하는 산모의 손을 꼭 잡아줬습니다.

"괜찮아요. 내가 옆에 있잖아요. 걱정하지 마세요. 숨을 천천히 들이쉬었다 내쉬었다 해보세요. 금방 괜찮아질 거예요."

다시 시인의 꿈을 꾸다

수술 침대에 누운 산모가 그의 손을 꾸욱 잡았습니다. 그의 손에도 힘이 들어갔지요. 어느 순간 손톱이 그의 손등을 파고들었습니다. 정신을 차린 산모가 "어머나! 선생님 손에 상처가……" 하며 당황해했지요.

"아니에요. 얼마 전에 생긴 피부 알레르기 때문이에요."

몇 달 뒤 퇴근 시간, 누군가 그의 연구실 문을 똑똑 두드렸습니다.

"혹시 저 기억나세요? 몇 개월 전 저 아기 낳을 때 마취하고 손 잡아주셨잖아요. 저 때문에 손에 상처가 났었는데."

"아! 그때…….."

"그날 정말 무서워서 아무것도 생각나지 않고, 선생님 손만 꼬옥 잡고 놓치지 않으면 모든 게 무사히 다 지나갈 것이다. 그 마음뿐이었어요. 정말 고마웠습니다. 감사합니다."

"무슨 말씀을…… 제가 당연히 할 일을 했을 뿐인데 그것 때문에 이렇게 찾아와주시니 오히려 제가 미안하고 고맙습니다."

차 한잔의 시간이 지난 후 일어서던 그녀가 핸드백에서 뭔가를 꺼냈습니다.

"피부 알레르기에는 모유로 만든 비누가 최고래요. 이건 제 아이가 먹고 남은 초유로 만든 비누예요."

황급히 문을 열고 나가는 그녀에게 제대로 인사도 하지 못한 채 그는 얼떨떨하게 서 있었습니다. 한참 후 포장을 열어보니 그 속엔 아기 손바닥만 한 황토빛 비누 두 장이 들어 있었습니다.

그는 한동안 말을 잊었지요. 얼마나 시간이 흘렀을까요. 눈물이 두 볼을 타고 흘러내렸습니다. 끝내는 통곡이 되어 눈물 콧물 범벅이 됐지요. 그날 그 자리에 앉은 채로 쓴 시가 '비누 두 장'입니다.

그 눈물겨운 사건(?)은 오랫동안 접어두었던 시인의 꿈을 다시 꾸게 해줬습니다. 2016년 〈월간 시〉 신인상으로 등단하고 시집 《착하고 아름다운》,《사람과 사물에 대한 예의》를 내게 된 것도 그 덕분이었지요.

산모와 의사를 따뜻이 이어준 '손'과 '눈'

육체적 고통을 다독이는 마취와 영혼을 어루만지는 정신의 치유를 병행하는 의사 시인 김기준. 그는 마음의 문을 똑똑 두드려 눈물을 흘릴 수 있게 해주고, 다시 시를 쓸 수 있게 해주었으며, 사람과 사람이 얼마나 따스한지 일깨워준 그때 그 순간을 지금도 잊지 못합니다. 그날 수술실에서 불안해하는 산모와 위로의 말을 건네는 의사를 부드럽게 이어준 것은 '손'과 '눈'이었지요. 꼭 잡은 손에 힘이 들어갈수록 두 사람의 교감은 깊어졌고, "편히 감는 눈동자 속에 언뜻 스쳐 간 엄마의 모습"을 발견한 순간 온전한 평화와 안도가 찾아왔습니다.

시의 제목이기도 한 '비누 두 장'은 산모를 위로하던 의사를 거꾸로 위로하고 치유하는 아름다운 매개체이지요. 그래서 "괜찮아요"가 "고맙습니다"로 바뀝니다. 치유받은 사람의 마음이 치유하는 사람의 마음을 건드려서 다시 "고맙습니다"를 낳는 선순환의 착한 삶이 그 속에 녹아 있지요. 이 시가 담긴 첫 시집의 제목이 《착하고 아름다운》인 것도 이런 맥락과 닿아 있습니다.

참, 그가 받은 비누의 효능은 어땠을까요. 한 장을 써본 결과 신기하게도 한 달 만에 손등의 피부염과 가려움증이 없어졌다고 합니다. 그는 "나머지 한 장은 곱게 다시 포장해 나만 아는 깊숙한 곳에 평생의 보물로 간직하고 있다"며 "대대손손 가보로 물려줄 생각"이라고 말했습니다.

선행이 복을 부른다

영국의 종교 개혁가인 존 웨슬리(John Wesley)는 선행의 중요성을 이렇게 설파했습니다.

"할 수 있는 모든 선행을 행하라. 가능한 모든 방법으로, 가능한 모든 장소에서, 가능한 모든 시간을, 가능한 모든 사람에게."

테레사(Teresa) 수녀도 늘 다른 사람에게 친절할 것을 강조했습니다.

"작은 일에 충실한 것은 참으로 위대한 일이다."

작은 일에도 최선을 다하고 충실함으로써 조그만 호텔의 지배인에서 세계적인 호텔의 사장이 된 사람의 일화도 있습니다. 호텔왕으로 유명한 조지 볼트(George Boldt)가 그 주인공인데요. 평소에도 서비스 정신이 몸에 배어 있던 그는 작은 친절을 베풂으로써 뉴욕의 애스토리아 호텔 사장으로 발탁되어 화제를 모았습니다.

볼트는 미국 필라델피아에서 작은 호텔 지배인으로 일하고 있었습니다. 비바람이 몰아치던 어느 늦은 밤에 노부부가 예약을 하지 않고 호텔에 들어왔지요. 보통 미국에서는 예약을 하지 않고 현장에서 방을 얻기가 매우 어렵습니다. 밖에는 비가 많이 오고 있고 시간도 새벽 한 시가 넘은 상황이었습니다.

사정이 딱해 보였던 노부부에게 볼트는 이렇게 제안합니다.

"객실은 없습니다만, 폭우가 내리치는데 괜찮으시다면 누추하지만 제 방에서라도 주무시겠어요?"

볼트는 노부부에게 친절을 베푸느라 방을 내어주고 자신은 의자에서 잠을 청했습니다. 노부부는 깨끗하게 정돈된 볼트의 방을 보며 철두철미한 그의 직업의식을 엿보았다고 합니다. 노부부는 밤을 보내고 아침에 떠나면서 볼트에게 행운을 빌어주었습니다.

"어젠 너무 피곤했는데 덕분에 잘 잤어요. 당신은 앞으로 제일 좋은 호텔의 사장이 되어야 할 분이에요."

그리고 이렇게 덧붙였습니다.

"훗날 우리가 당신을 초대할 테니 꼭 와주세요."

작은 친절이 부른 커다란 복

정확히 2년 후 볼트에게 편지 한 통과 함께 뉴욕행 비행기 티켓이 도착했습니다. 2년 전 자신의 방에서 묵었던 노부부가 보낸 초청장이었지요. 볼트는 뉴욕으로 가 노부부를 만났고 그들은 볼트를 반갑게 맞아주었습니다. 그리고 뉴욕 중심가에 우뚝 서 있는 한 호텔을 가리키며 물었습니다.

"저 호텔이 맘에 드나요?"

"저런 고급 호텔은 너무 비쌀 것 같으니 제가 더 저렴한 곳으로 알아보겠어요."

볼트가 이렇게 말하자 노부부는 뜻밖의 제안을 합니다.

"걱정 말아요. 저 호텔은 당신이 경영할 수 있도록 내가 지은 겁니다. 이 호텔을 맡아줄 거죠?"

그 노인은 바로 백만장자인 윌리엄 월도프 애스터(William Waldorf Astor)였고, 볼트의 친절과 배려에 감동해 맨해튼 5번가에 있던 선친의 맨션을 허물고 방이 1,442개나 되는 애스토리아 호텔을 세운 것입니다.

필라델피아 변두리 작은 호텔의 평범한 지배인이었던 볼트는 미국의 최고급 호텔 월도프 애스토리아의 사장이 되었습니다. 대가를 바라지 않는 우리의 작은 친절과 배려가 언젠가 보이지 않는 복덕으로 돌아온다는 걸 알 수 있습니다.

말이 쉽지 작은 일에 충실한다는 것은 쉬운 일이 아닙니다. 그러나 초고층 빌딩도 작은 벽돌이 쌓여 이루어지듯 작은 일에 충실하면 큰일은 저절로 이루어지는 게 아닐까요? 우리의 인생이 아름답기를 바란다면 늘 친절과 배려가 몸에 배도록 습관을 만들어야 합니다. 또한 다른 사람의 난처한 상황과 어려움을 헤아려 줄 수 있어야 하지요.

선복을 쌓아야 하는 이유

헬렌 켈러(Helen Keller)는 "다른 사람의 고통을 달래줄 수 있는 한, 삶은 헛된 것이 아니다"라고 했습니다. 켈러는 자신을 가르쳐준 앤 설리번(Anne Sullivan) 선생님이 보여준 감정 이입에 감동받았죠. 설리번 역시 장애와 싸울 때 맛보는 좌절감을 잘 알고 있었고, 자신이 시각을 거의 잃은 상태였기 때문에 켈러와의 의사소통 방법을 이해하고자 노력했습니다. 각고의 노력 끝에 장애를 극복한 켈러는 시각 장애인과 청각 장애인을 돕는 일에 평생을 바치기로 마음먹었고, 일생을 자기와 비슷한 환경에 있는 사람들에게 연민을 느끼며 살았습니다. 우리가 타인에게 감정 이입하면 주는 것이 받는 것보다 더 행복하다는 사실을 깨닫게 됩니다.

우리는 평소에 말과 행동으로 다른 사람에게 관심을 보이고 그들이 필요할 때에 도움을 주는 선복(善福)을 쌓아야 합니다. 결국 생각이 말이 되고 말이 행동이 되고 행동이 습관이 되기 때문입니다. 어느 재벌 그룹 회장은 자기가 키워볼 인재라는 생각이 들면 청소부터 시켜본다고 합니다. 청소하는 것을 보면 그 사람의 인성을 볼 수 있다고 여겨서지요.

여러분도 남에게 친절과 배려심을 베풀면 아름다운 세상이 눈앞에 펼쳐진다는 진리를 되새기며 남의 감정과 상황을 공감하고 이해하는 삶을 살길 바랍니다.

존재의 이유

이력은 내 신발이 걸어온 역사

구두를 위한 삼단논법

윤성학

갈빗집에서 식사를 하고 나오다가

신발 담당과 시비가 붙었다

내 신발을 못 찾길래 내가 내 신발을 찾았고

내가 내 신발을 신으려는데

그가 내 신발이 내 신발이 아니라고 한 것이다

내가 나임을 증명하는 것보다

누군가 내가 나 아님을 증명하는 것이

더 참에 가까운 명제였다니

그러므로 나는 쉽게 말하지 못한다

이 구두의 이 주름이 왜 나인지

말하지 못한다

한쪽 무릎을 꿇고 앉아

꽃잎 속에 고인 햇빛을 손에 옮겨담을 때,

강으로 지는 해를 너무 빨리 지나치는 게 두려워

공연히 브레이크 위에 발을 얹을 때,

누군가의 안으로 들어서며 그의 문지방을 넘어설 때,

손 닿지 않는 곳에 놓인 것을 잡고 싶어

자꾸만 발끝으로 서던 때,

한걸음 한걸음 나를 떠밀고 가야 했을 때

그때마다 구두에 잡힌 이 주름이

나인지

아닌지

나는 어떻게 말해야 하는가

● ○ ●

익숙한 광경이죠? 식당에서 가끔 겪는 '신발 주인' 논쟁. 윤성학 시인도 그랬나 봅니다. 〈구두를 위한 삼단논법〉은 그가 서울 충무로의 한 돼지갈빗집에서 저녁을 먹고 나오다 '신발 소동'을 겪고 난 뒤에 쓴 시입니다.

그 집에서는 신발 벗는 곳에 남자 직원이 지키고 서서 손님이 앉는 자리를 보고 그 번호에 해당하는 선반에 신발을 놓아주었지요. 저녁을 먹고 나오는데 그날따라 사람이 많아서인지 신발 담당 직원이 그에게 낯선 신발을 내려놓았습니다.

"어? 이거 내 신발 아닌데요."

"이 신발 맞습니다."

"아니에요. 내 신발 아니에요."

"제가 분명히 8번 자리에 놓았습니다. 이 신발이 손님 것 맞습니다."

"8번은 맞는데요. 내 신발이 아니고요. 내 신발은…… 저기 있네요. 저거예요."

"아닙니다. 이 신발입니다."

옥신각신하다가 결국 다른 자리에 앉은 손님들을 불러 각자 신발을 찾게 한 뒤에야 그는 자기 신발을 신고 나올 수 있었습니다.

여기까지는 흔히 있을 법한 일이지만, 시인의 촉은 거기에서 멈추지 않습니다. 집으로 돌아가는 전철 안. 그는 자신의 신발을 증명하는 일이 좀처럼 쉽지 않다는 사실에서 인생의 새로운 단면을 발견하지요. 그게 바로 '주름'입니다.

신발 주름은 내가 살아온 내력의 총합

늦은 밤 그는 생각합니다. '아무리 같은 종류, 같은 크기의 신발이라도 사람마다 신발에 잡힌 주름과 뒷굽이 닳은 모양새는 전부 다를 것이다. 그렇다면 내 신발에 잡힌 주름은 언제, 어떻게 생겨나 지금의 모습을 하고 있는 것일까. $a=b$이고 $b=c$일 때 $a=c$이

다. 그러므로 나=신발, 신발=주름, 나=주름이라는 삼단논법이 가능하겠구나.'

그는 다시 '나에게 잡힌 주름'을 곰곰 생각합니다. 그것이 언제, 무엇을 할 때, 왜 생겼을까. '아, 신발에 잡힌 주름이란 결국 내가 살아온 내력의 총합이구나. 꽃잎 속의 햇빛을 손에 담으려고 무릎을 꿇고 앉을 때 생긴 주름, 석양빛을 놓치지 않으려고 브레이크를 밟을 때 생긴 주름, 손닿지 않는 곳에 놓인 것을 잡고 싶어 발끝으로 설 때 생긴 주름…….'

그는 이력서의 '이력(履歷)'이라는 말에 '신발 리(履)'를 쓰는 이유와 맞닿아 있다는 걸 깨달았습니다. 그렇죠. 이력이란 바로 자기 신발이 걸어온 역사이지요.

그는 이후로도 그 집에 가끔 갔습니다. 신발 담당은 자기가 할 일을 한 것이고, 단순한 착오가 있었을 뿐 대단한 잘못을 한 것은 아니니까요. 게다가 그 집은 맛있고 쌌지요. 그러나 그 음식점은 지금 없어졌다고 합니다. 이제는 갈 수 없는 곳이 되었지만, 신발에 관한 이야기는 그의 기억 속 작은 방에 기록돼 이렇게 반짝이고 있습니다.

그는 언젠가 "시란 '재미의 재구성'"이라고 말했습니다. "시인은 신이 내준 퀴즈를 푸는 사람"이라고도 했지요. 신이 내준 퀴즈를 푸는 과정을 재미있게 재구성한 것이 곧 시라……. 갈빗집에서 '신발 찾기'라는 퀴즈를 통해 그가 찾아낸 〈구두를 위한 삼단논법〉은 이렇게 기발한 '재미의 재구성'까지 우리에게 선사합니다.

　그의 시를 읽은 뒤로 저도 식당에 갈 때마다 제 구두를 가만히 내려다봅니다. 그러면서 제 구두에 잡힌 주름들이 왜 저인지를 저는 어떻게 말해야 하는지 슬며시 걱정하기도 합니다.

나답게 살아가기

"선배님, 인생을 어떻게 살아가야 하나요?"

후배들이 가끔씩 물어올 때면 저는 "민들레처럼 살아라"라고 합니다. 민들레는 약용식물 중에서도 생명력이 매우 강해서 고난과 역경을 이겨내는 상징으로 통하는 식물입니다.

우리는 늘 주변 사람들의 시선과 기준에 나를 맞추려 하고 자신의 목표가 아닌 다른 사람들의 기대치에 부합하려고 온 힘을 쏟습니다. 그렇게 '척'을 하느라 진정한 삶을 살지 못하고 있지는 않은가요? '척'은 바로 자신답게 살아야 함에도 타인의 눈치 때문에 자신답게 살지 못하는 우리 삶의 태도를 꼬집는 말입니다. 있는 척, 잘난 척, 아는 척, 멋진 척 등 '척'을 하면서 자신을 포장하는 그런 삶을 살고 있는 것은 아닌지 돌아봐야겠습니다.

영국 출생 캐나다 작가인 말콤 글래드웰(Malcolm Gladwell)은 2020년 《타인의 해석》에서 "우리는 다른 사람의 외모와 태도를 바탕으로 그 사람의 정직성을 판단하는 경향이 있다"라고 꼬집었습니다. 능력을 벗어난 잘난 척이나 있는 척을 하다 보면 그

'척' 때문에 자신을 잃어버리게 되고 타인의 눈치만 살피는 삶을 살게 되지요.

그래서 나답게 살기, 내가 할 수 있는 범위의 '척'만 하는 습관이 매우 중요합니다. 민들레처럼 강인한 생명력으로 부지런히 자기 삶을 살며 진실하게 노력하는 좋은 습관을 들여보세요. 좋은 습관이 모여야 비로소 선한 마음이 생깁니다.

모든 것은 마음이 만든다

우리는 어떤 마음으로 살아야 할까요? '이 세상의 모든 것은 다 마음이 만든다'라는 말이 있습니다. 긍정적 사고는 어떤 일을 할 때 '될 것이다'라는 마음으로 수행해가는 자세입니다. 이는 원효 대사의 '모든 것은 마음먹기에 달려 있다(一切唯心造, 일체유심조)'와도 통하지요.

긍정적 사고는 열정과 노력을 불러옵니다. 긍정적인 사람은 자신이 운이 좋다고 생각하기 마련입니다. 운이 좋다고 믿어야 성공이 따라옵니다. 낙관적 사고는 매사를 즐거운 마음으로 해결하려는 자세이고, 적극적 사고는 모든 일을 내 일처럼 열심히 해내려는 자세입니다.

낙관적이며 적극적인 사람은 자신이 선택한 바대로 자기 인생의 길을 선택하며 살아갑니다. 어쩌다 상황이 자기에게 불리하게 전개되어도 항상 유머를 잃지 않고 얼굴에 웃음을 띠고 있지요.

웃음을 잃지 않으면 인상이 좋아지고 얼굴이 빛나는 느낌을 줍니다. 얼굴색은 건강 상태를 나타내고 건강하면 신진대사가 원활하고 심리적으로도 걱정이 없습니다. 만사가 자기가 뜻하는 대로 이루어집니다.

창조력 높이려면 걸어라

애플을 창업한 스티브 잡스는 새로운 아이디어를 떠올릴 때 수석 디자이너와 산책을 자주 하곤 했습니다. 잡스의 독특한 회의 방식이 바로 걷는 것이라고 하죠. 마크 저커버그(Mark Zuckerberg) 페이스북 CEO도 걷기를 즐깁니다. 순다르 피차이(Sundar Pichai) 구글 CEO도 "무언가 생각하기 위해서는 걷기 시작해야 한다"고 말했습니다.

나다운 생각, 창의적인 아이디어를 얻고 싶은가요? 스탠퍼드대학교의 연구에 따르면 걷기 운동은 창조적 사고력을 평균 60퍼센트 높인다고 합니다. 걷기가 학습과 기억을 다루는 뇌 부분으로의 혈류를 증가시켜 기능이 향상되게 하죠. 2016년 발표된 미국심리학회(APA)의 한 연구에서는 단 12분간의 산책만으로도 주의력을 높이고 기분을 좋게 한다는 결과가 나왔습니다.

마음을 발바닥에 집중하게 되면 열을 심장과 가장 먼 발까지 내려줄 수 있어 육체적으로 건강해지고 신체가 건강해짐으로써 바른 인격이 형성되는 일거양득이 됩니다.

삶의 주인공은 바로 나

우리는 몸과 마음의 주인공이 바로 자신이라는 것을 잊지 말고 살아야겠습니다. 마음이 사람을 따르게 해야지 사람이 마음을 따라가면 선업(善業)을 짓기도 하지만 악업(惡業)을 짓기도 합니다. 그래서 삶에 약이 되기도 하지만 독이 되기도 하지요.

바른 마음을 잘 다스려서 자신이 할 수 있는 만큼의 '척'만을 하고 살아가는 사람이 바로 자기 삶의 주인공이라 할 수 있습니다. 우리는 내가 할 수 있는 만큼의 '척'을 하고 있는지, 나답게 살고 있는지, 마음이 나를 따르게 하는지, 내가 마음을 따라가는 삶을 살고 있는지 돌아봐야 합니다.

우리 인생은 문제를 해결하는 것이 아니라 경험을 쌓아가는 편도 여행입니다. 삶의 주인공이 아닌 채로 살고 있다면 지금 이 순간부터 내가 할 수 있는 만큼의 '척'을 하면서 나답게 살아가는 연습을 해보세요. 진정한 삶의 주인이 되어 인생 여행을 즐기시길 바랍니다.

지혜

적을 잡으려면 왕을 먼저 잡아라

전장에 나아가며 (前出塞·6)

두보

활을 당기려면 강궁을 당겨야 하고

화살을 쓰려면 긴 것을 써야 하느니

사람을 쏘려면 먼저 말을 쏘아야 하고

적을 잡으려면 먼저 왕을 잡아야 한다.

사람을 죽이는 데도 한계가 있고

나라를 세움에도 경계가 있는 법.

능히 적의 침략을 막을 수 있다면

어찌 그리 많은 살상이 필요한가.

挽弓當挽强　用箭當用長　射人先射馬　擒敵先擒王

殺人亦有限　立國自有疆　苟能制侵陵　豈在多殺傷

● ○ ●

두보(杜甫)는 〈출새(出塞)〉라는 제목의 시를 9수 짓고 나서 후에 5수를 더 지었습니다. 여기에 '전출새(前出塞)'와 '후출새(後出塞)'라는 제목을 붙였지요.

〈전출새〉는 토번(吐蕃, 지금의 티베트) 정벌 등 당 현종의 영토 확장 전쟁을 풍자한 시입니다. 적을 잡으려면 먼저 왕을 잡아야 한다는 게 핵심 주제인데, 그만큼 애꿎은 병사와 백성의 목숨을 살리고 선생의 피해를 줄이자는 내용입니다.

'가짜 화살'로 적장을 제거한 지혜

이른바 '금적금왕(擒賊擒王, 적을 잡으려면 우두머리부터 잡아라)'은 병법 삼십육계의 공전계(攻戰計) 제18계에도 등장하지요. 《신당서(新唐書)》'장순전(張巡傳)'에 나옵니다.

장순이 안록산의 반란군에 맞서 수양성을 지킬 때였지요. 적장 윤자기(尹子琦)는 13만 대군으로 성을 포위했습니다. 장순의 군사는 고작 7,000여 명. 군량마저 바닥나 성이 함락될 위기에 놓였습니다.

장순이 병서의 '금적금왕'을 떠올렸지만 사정이 여의치 않았고, 수많은 적 가운데 적장을 찾는 게 어려웠지요. 그래서 묘책을 냈습니다. 그는 부하들에게 쑥대와 볏짚으로 '가짜 화살'을 만들어 적에게 쏘게 했습니다. 화살을 맞은 적들은 어리둥절했지요.

건초 화살을 집어 든 적군 병사가 누군가에게 달려가더니 무릎을 꿇고 화살을 바쳤습니다.

이 모습을 본 장순은 "바로 저 체격 큰 사람이 적장"이라며 집중사격을 명했습니다. 숨어 있던 사수들이 일제히 진짜 화살을 쏘았지요. 그 가운데 한 대가 윤자기의 왼쪽 눈에 꽂혔습니다. 장수가 쓰러지자 적들은 혼비백산했고, 장순은 곧바로 남은 병력을 이끌고 달려나가 오합지졸들을 일순에 쓸어버렸습니다. 적장 한 명을 잡아 13만 대군을 와해시킨 것입니다.

수만 대군을 물리친 묘책

이보다 1년 전 옹구성 전투에서도 장순의 지혜는 빛났습니다. 1,000여 명으로 반란군 수만 명과 맞선 상황. 두 달간 300여 차례의 공격을 막느라 갑옷을 벗지 못하고 밥도 제대로 먹지 못할 지경이었지요.

급기야 화살이 바닥나고 말았습니다. 고민하던 장순은 볏짚 인형을 많이 만들어 한밤중 성벽으로 내려보냈습니다. 검은 옷을 입은 군사들이 새카맣게 내려오는 것처럼 보이게 말이죠. 적장은 야습이라 생각해 성벽을 향해 일제히 화살을 퍼붓도록 명령했습니다. 날이 밝은 뒤에야 사람이 아니라 허수아비라는 걸 알게 됐지요.

장순의 군사들은 인형의 등에 무수히 박힌 화살을 뽑아 '실탄'

을 확보했습니다. 며칠 뒤 심야에 장순이 또 허수아비들을 성 아래로 내려보내는 걸 본 적장은 "더 이상 속지 않는다"며 거들떠보지도 않았지요.

그러나 이번에는 허수아비가 아니었습니다. 장순이 보낸 특공대였죠. 아무런 경계도 하지 않던 반란군은 이 기습작전으로 맥없이 무너졌습니다. 적장을 잡지 않고 눈을 속이는 것만으로도 수만 대군을 물리친 것이지요. 이 또한 대규모 살상을 피하고 이룬 승리였으니 '금직금왕'의 질묘한 사례라고 할 수 있습니다.

이 교훈은 옛 군사 전략뿐 아니라 현대 경영학, 정치사회학, 인생 여정에도 두루 활용할 수 있습니다. 오래전 역사에서 새로운 영감을 얻는 온고지신(溫故知新), 법고창신(法古創新)의 사례는 지금 우리 주변에서도 얼마든지 찾을 수 있겠죠?

다이슨과 신의 한 수

제조업 중심의 산업 시대가 저물고 고성능 컴퓨팅 환경을 기반으로 하는 '혁신 서비스 시대'가 열렸습니다. 디지털 기술이 혁신 서비스의 형태로 전 인류의 삶을 빠르게 변화시키고 있다고 해도 과언이 아닙니다.

영국의 가전 업체 다이슨(Dyson)은 기능은 물론 독특하고 개성 있는 디자인과 소재, 색상으로 인기를 얻은 회사입니다. 다이슨은 '먼지봉투 없는 진공청소기를 개발해보겠다'고 결심한 한 청년의 아이디어에서 탄생했지요. 다이슨의 창업자이자 최고 엔지니어, 발명가인 제임스 다이슨(James Dyson)은 어느 날 집에서 청소를 하다가 흡입력이 떨어지는 청소기에 불편을 느꼈습니다.

그는 먼지봉투에 담기는 먼지가 봉투 표면의 틈을 막으면서 청소기의 흡입력이 떨어진다는 사실을 알았죠. 그때부터 새로운 진공청소기를 개발하기로 마음먹고 먼지와 공기가 제대로 분리되지 못해 발생하는 흡입력 저하를 방지하고자 연구했습니다. 그는 공기 회전을 이용해 공기와 톱밥을 분리하는 제재소의 사이클론 시설에서 영감을 얻었습니다. 이를 진공청소기에 연계시켜 흡입력이 강력한 청소기를 발명했습니다.

그 후 수많은 시행착오를 겪으며 5년 동안 5,000여 개의 시제품을 제작한 끝에 다이슨은 1993년 사이클론 방식을 적용한 세계 최초의 먼지봉투 없는 진공청소기 DC01을 개발했습니다. DC01은 출시 18개월 만에 영국 진공청소기 판매 1위를 차지하는 쾌거를 이뤘고 나아가 전 세계 시장에 획기적인 상품으로 자리 삼게 되었습니다. 요즘 말로 하면 그야말로 '신의 한수'였던 셈이지요.

실패를 즐겨야 한다

수많은 시행착오를 통해 혁신을 달성하는 다이슨의 조직 문화는 진공청소기 DC01에 이어 기존의 고정관념을 깨뜨린 날개 없는 선풍기와 현대 주거 환경에 적합한 새로운 공기 청정 기술도 탄생시켰습니다. 이외에도 다이슨은 국내 시장에서도 마니아층을 확보한 헤어 케어 제품들을 연달아 선보이고 있습니다.

사실 다이슨의 제품들은 타 브랜드에 비해 비싼 편입니다. 비싼 가격에 소비자 불만이 터져 나오자 다이슨은 제품이 저렴하지 않다는 걸 자신도 알고 있다고 말했습니다. 그러면서 '최신 기술이 접목된 프리미엄 모델이므로 가격 때문에 고객에게 죄송하지는 않다'고 했죠.

"실패를 즐겨라, 성공에서는 배울 게 없다!"

영국 배스 지역의 작은 차고에서 청소기를 개발한 다이슨은 실패를 거듭하면서 일어섰습니다. 지금은 세계적인 기술 기업으로 성장했지요. 전 세계에 1만 4,000명 이상의 직원을 고용하고 있으며, 그중 절반 이상이 엔지니어와 과학자로 구성되어 있는 다국적 기업이 되었습니다. 최근에는 고체 배터리 셀, 고속 전기 모터, 비전 시스템, 로봇, 머신러닝 및 인공지능(AI) 기술에 중점을 두고 새로운 기술 개발에도 도전하고 있습니다. 이미 가전으로 큰 성공을 거두었지만 그에 만족하지 않고 끊임없이 혁신을 추구하고 있습니다.

4차 산업혁명 시대에 들어선 지금, 기술이 가치를 생산해 독점하는 방식이 아니라 전 인류가 가치를 공유하며 기술과 사회가 발전하는 양상을 보이고 있습니다. 이제 기술도 누구 한 사람의 것이 아니고 집단적으로 공유, 발전시켜야 할 대상입니다. 애플리케이션이 혁신적 서비스가 가능하도록 창구 역할을 하고 있으며, 서비스 생산자와 소비자가 상생할 수 있도록 하고 있습니다. 기업은 이를 통해 우리 사회의 여러 가지 사회 문제를 해결하며 지속 가능한 사회를 만드는 것을 목표해야 합니다. 문제의 핵심을 들여다보면 의외로 다른 문제들은 쉽게 해결될 수 있습니다. 기업 경영에도, 인생에도 지혜가 발휘되어야 할 때입니다.

고난 극복

숙맥 시인이 스스로를 채찍질한 이유

세한도 가는 길

유안진

서리 덮인 기러기 죽지로

그믐밤을 떠돌던 방황도

오십령 고개부터는

추사체로 뻗친 길이다

천명이 일러주는 세한행(歲寒行) 그 길이다

누구의 눈물로도 녹지 않는 얼음장 길을

닳고 터진 알발로

뜨겁게 녹여 가라신다

매읍고도 아린 향기 자오록한 꽃진 흘려서

자욱자욱 붉게붉게 뒤따르게 하라신다

● ○ ●

추사 김정희의 〈세한도〉를 국가에 기증한 손창근 씨가 2020년에 금관문화훈장을 받았습니다. 그는 국보 제180호인 〈세한도〉를 비롯해 귀중한 문화재 300여 점을 아무런 조건 없이 내놓았지요. 이에 정부는 최고 영예의 1등급 훈장으로 보답했습니다.

〈세한도〉는 추사가 제주 유배 시절에 그린 수묵화입니다. 초라한 토담집 한 채를 사이에 두고 소나무와 잣나무가 두 그루씩 서 있는 겨울 풍경을 묘사한 그림이지요. 갈필로 거칠게 붓질한 이 작품에는 겨울에도 시들지 않는 소나무와 잣나무처럼 세월이 바뀌어도 변하지 않는 정신의 품격이 새겨져 있습니다.

추사는 그림 발문에 선비의 지조와 의리를 지킨 제자 이상적에게 이 그림을 준다고 밝혔죠. 그러면서 《논어》의 한 대목인 "추위가 닥친 뒤라야 소나무와 잣나무의 푸르름을 안다(歲寒然後知松柏之後凋, 세한연후지송백지후조)"를 인용했습니다.

스승 박목월 시인과의 특별한 만남

유안진 시인은 절해고도에 유배된 추사를 떠올리며 스스로 유배자가 되어 자신을 채찍질하는 마음을 시 〈세한도 가는 길〉에 담았습니다. 이 제목은 시인이 가 닿고자 하는 곳이 유배의 섬(島)이고, 그 여정이 곧 길(道)이라는 의미겠지요. "세한행 그 길"이라는 표현이 이를 뒷받침합니다.

이렇게 치열한 시를 쓰는 유안진 시인의 별명은 뜻밖에도 '숙맥'입니다. 콩(菽, 숙)과 보리(麥, 맥)도 구별 못 할 정도로 어리숙한 사람이라니, 무슨 사연이 있을까요. 스승인 박목월 시인과의 일화에 비밀이 숨겨져 있습니다.

다음은 유안진 시인이 들려준 이야기입니다. 그가 서울대학교 사범대학 교육학과에 다니던 1963년, 대학 백일장에 제출한 시를 눈여겨본 박목월 시인이 '시작(詩作) 노트를 갖고 연구실로 한번 놀러 오라'는 엽서를 보내왔다고 합니다.

그는 어느 날 용기를 내어 선생의 한양대학교 연구실로 찾아갔지요. 너무 떨려서 차마 노크도 못 하고 계속 기다리며 서 있다가 마침 점심 먹으러 나오던 선생을 만나 옛 화신백화점 뒤에 있는 설렁탕집으로 따라갔습니다. 설렁탕을 먹는데 선생이 소금 그릇을 옆에 놓고 주지 않자 '소금 좀 주세요'라는 말을 못 하고 그냥 맨 설렁탕을 먹었죠.

그걸 지켜본 선생은 "저런 숙맥이니 시는 제대로 쓰겠다"며 은근한 격려를 보냈다고 합니다. 워낙 엄하고 까다로워 좀체 추천을 해주지 않는 것으로 유명한 선생의 특별한 추천으로 그는 1965년 〈현대문학〉을 통해 등단했습니다.

"국문과 영문과도 아닌데 시 몇 편 좋다고 추천했다가 사는 게 힘들어지고 바빠서 시 안 쓰면 추천한 나는 뭐가 되노?" 했던 선생의 목소리가 지금도 귀에 생생하다고 그는 말합니다.

정지용문학상 수상까지 이어진 인연

그는 〈세한도 가는 길〉로 1998년 정지용문학상을 받았지요. 정지용 시인은 박목월 시인을 문단에 추천해준 은사입니다. 그는 "선생님의 은사이신 정지용 시인의 문학적 업적을 기리는 상을 탔는데, 선생님이 살아 계신 동안 이 상을 받았더라면 얼마나 기뻐하셨을까"라며 안타까워했지요.

그의 시 중에는 세한도처럼 강인한 것 말고도 맛깔스런 작품이 많습니다. 〈세란을 생각하며〉라는 시는 골계미의 진수를 보여주지요.

"밤중에 일어나 멍하니 앉아 있다// 남이 나를 헤아리면 비판이 되지만/ 내가 나를 헤아리면 성찰이 되지// 남이 터뜨려주면 프라이감이 되지만/ 나 스스로 터뜨리면 병아리가 되지// 환골탈태(換骨奪胎)는 그런 거겠지."

내친김에 짧은 시 한 편 더 소개합니다. 모두 아홉 자밖에 안 되는 시 〈옛날 애인〉입니다.

"봤을까?/ 날 알아봤을까?"

세월이 흘러 서로 알아보기 어려울 정도로 나이가 들었지만, 이 시의 주인공은 상대를 한눈에 알아봤지요. 그런데 그 사람은? 날 알아봤을까, 못 알아봤을까…… 생각할수록 설레고 궁금해집니다. 더 이상 말이 필요 없는 시, 단 두 줄로 단시(短詩)의 묘미를 극점까지 밀어 올린 기막힌 시입니다.

최빈국에서 위대한 국가로

미국 제44대 대통령 버락 오바마(Barack Obama)는 아버지의 조국
인 케냐를 방문했을 때 유명한 연설을 남겼습니다.

"내가 태어나던 1961년에만 해도 경제 수준이 케냐와 비슷하
던 대한민국이 지금은 40배 이상 커졌다. 케냐 국민도 그런 성취
를 할 수 있다."

그는 미국의 교육 문제를 다룰 때나 개발도상국을 격려할 때
유독 대한민국의 위대성을 자주 언급하곤 했습니다. 왜 그 많은
국가 가운데 대한민국이었을까요? 사실 1960년대 초반 대한민
국의 경제 수준은 아프리카의 국가들과 비슷한 세계 최빈국이었
습니다. 한 해 우리나라 예산의 절반 이상을 미국 원조에 의존하
는 신세였죠.

그런데 대한민국은 달랐습니다. 당시 미국의 원조를 받는 나
라들과 달리 교육만이 선진국으로 가는 지름길임을 자각한 거죠.
그래서 1950년대에는 예산의 20퍼센트를 국민 교육에 투자하고
50퍼센트를 국방비로 썼습니다. 이렇게 해서 국민의 문맹률을 떨

어뜨리고 자주국방의 기틀을 마련하는 데 주력했습니다.

해방 직후 무려 77퍼센트에 달하던 문맹률이 1954년에는 26 퍼센트로 감소했습니다. 1959년에는 4퍼센트로 떨어져 대한민국이 자립할 수 있는 든든한 토대가 되었습니다. 지금 대한민국 문맹률은 1퍼센트 미만입니다. 자랑스러워해도 좋을 우리의 업적입니다.

'하류 노인'이라는 신조어

한편 요즘 우리나라 성인의 최고 관심사는 '금융 자산이 얼마나 있어야 노후가 편할까?'가 아닐까 합니다. 보통 노후로 접어들면 지출 수요보다 지출을 감당할 소득이 얼마나 되느냐가 훨씬 중요해집니다. 이는 은퇴 후 연금 소득이 은퇴 전 평균 소득 대비 어느 정도인가를 뜻하기도 합니다. 이를 '소득대체율'이라 하는데, 우리나라 국민연금의 경우는 40퍼센트 내외로 다른 선진국에 비해 현저히 낮은 수준입니다.

무엇이 문제일까요? 전문가들은 우리나라 인구 감소와 고령화 사회가 너무 빨리 다가오기 때문이라고 분석합니다. 통계청에 따르면 우리나라가 2040년에 접어들면 65세 이상 고령 인구가 2021년보다 900만 명 이상 증가하고, 15~64세 생산 연령 인구는 800만 명 이상 감소한다고 예측합니다. 이런 추세라면 대한민국의 젊은이들은 노후 대책이 충분하지 않은 노인을 지원하는 부담에 허덕이며 덩달아 궁핍해질 수 있습니다.

고령화가 우리보다 먼저 진행된 일본에서 '하류(下流) 노인'이라는 신조어가 생긴 일은 남의 일 같지 않습니다. 젊어서는 잘나갔지만 늙어서 수입과 저축이 부족해진 노인들을 일컫는 말이죠. 어느 누가 노후에 하류 노인으로 살고 싶겠습니까마는 미리 계획을 세우고 준비하지 않으면 장밋빛 미래를 낙관할 수 없는 게 현실입니다.

'노블레스 오블리주' 정신을 되새기며

가난과 부유함에 관해 공자가 주는 가르침이 있습니다. 《논어》 학이(學而) 편에서 제자 자공(子貢)이 공자에게 이렇게 물었습니다.

"가난하면서도 아첨하지 아니하고, 부유함에도 교만하지 아니하면 어떻습니까(貧而無諂 富而無驕, 빈이무첨 부이무교)?"

그러자 공자가 답했습니다.

"괜찮다. 하지만 가난하면서도 즐거워하고, 부유함에도 예를 좋아하는 사람만큼은 못하다(貧而樂 富而好禮, 빈이락 부이호예)."

공자는 인간의 존엄을 떨어뜨리는 것은 돈 자체보다 비겁함과 비굴함이라고 했습니다. 또 부유함은 '노블레스 오블리주(Noblesse Oblige)' 정신이 필요하다고 주장했습니다.

우리나라는 최빈국이라는 낮은 위치에서 선진국으로 우뚝 일어선 경험이 있습니다. 이제 국민 누구나 '가난은 나라님도 구제

하지 못한다'는 옛말을 새기면서 노후에 대비해야 합니다. 공적 연금과 개인 연금은 물론 투자도 게을리해서는 안 됩니다. 노인 빈곤을 탈출한 선진국의 예를 보면 이는 아무리 빨리 준비해도 지나치지 않습니다. 우리는 빛나는 자부심을 잃지 않는 동시에 현명한 생활 습관을 만들어야 할 것입니다. 우리 모두가 노블레스 오블리주 정신을 잊지 않아야겠습니다.

재기

'권토중래'라는 말의 유래가 된 시

오강정에서 쓰다(題烏江亭)

두목

승패는 병가도 기약할 수 없는 법
수치 견디고 치욕 참는 것이 진정한 남아.
강동의 청년 중에는 호걸이 많아
권토중래했다면 결과를 알 수 없었거늘.

勝敗兵家事不期 包羞忍恥是男兒 江東子弟多才俊 捲土重來未可知

● ○ ●

당나라 시인 두목(杜牧)의 〈오강정에서 쓰다(제오강정)〉의 마지막
구절입니다. 이 시에서 지금까지 수많은 사람들이 널리 쓰고 있
는 '권토중래(捲土重來)'라는 고사성어가 나왔지요.

오강(烏江)은 항우(項羽)가 사면초가(四面楚歌)의 수세에 몰렸다가 가까스로 도망친 뒤 스스로 목을 베어 자결한 장소입니다. 항우가 유방(劉邦)과의 싸움에서 패해 이곳까지 쫓겼을 때, 포위망을 뚫고 그와 함께 살아남은 부하는 고작 28명뿐이었습니다. 뒤에서는 유방의 대군이 추격해오고 있었죠.

31세에 스스로 마감한 풍운의 삶

그때 오강의 정장(지금의 면장)이 "어서 배에 올라 강동(江東)으로 가서 재기를 꿈꾸시라"고 재촉했습니다. 하지만 그는 "8년 전 강동의 8,000여 자제와 함께 떠난 내가 지금 혼자 무슨 면목으로 강을 건너 그 부모들을 볼 수 있단 말인가"라고 한탄하며 31세의 파란만장한 삶을 마감했습니다. 기원전 202년의 일이었지요.

항우가 죽은 지 1000년 뒤에 이곳을 찾은 당나라 시인 두목은 여관에 짐을 풀고 그를 생각하며 깊은 상념에 잠겼습니다. 단순하고 격한 성격에 산을 뽑고도 남을 힘을 지닌 장사, 사면초가 속에서 사랑하는 여인 우미인(虞美人)과 헤어질 때 보여준 인간적인 면모의 풍운아······.

"천하를 휘어잡던 영웅이 한때의 부끄러움을 참고 재기를 꿈꿨다면, 훌륭한 인재가 많으므로 권토중래할 기회가 있었을 텐데 그는 왜 그렇게 하지 않고 젊은 나이에 생을 등졌단 말인가."

두목은 이 시를 쓰면서 굵고 짧은 항우의 비극적인 삶을 무척 안타까워했다고 합니다.

흙을 말아 올릴 형세로 다시 온다

권토(捲土)는 군마가 달릴 때 흙먼지를 일으키는 것을 말하고, 중래(重來)는 다시 온다는 뜻입니다. 말이 달릴 때 일어나는 흙먼지를 멀리서 보면 마치 땅(土)을 말아 올리는(捲) 것처럼 보이지요. 한 번 실패했다가 고삐를 되돌려 달려오는 것이 곧 '권토중래'이니, 아픔을 딛고 새로운 각오로 도전하는 재기의 뜻을 비유적으로 이르는 말입니다.

만일 항우가 그때의 권유를 받아들였더라면 천하의 형세는 어떻게 변했을까요. 공상의 나래를 펴는 시인의 표정이 눈에 보일 듯합니다. 두목은 역사적 사건을 다룬 시를 많이 썼는데, 적벽대전을 소재로 한 시 〈적벽(赤壁)〉도 그의 작품입니다.

"모래에 묻힌 부러진 창, 쇠끝이 삭지도 않았구나/ 나는 진흙을 씻고 갈아 앞 시대의 것임을 확인한다/ 동풍이 주랑을 편들지 않았더라면/ 봄 깊은 동작대에 두 교씨를 가두었으리라(折戟沈沙鐵未銷 自將磨洗認前朝 東風不與周郎便 銅雀春深鎖二喬)."

적벽은 후베이성(湖北省)의 양쯔강변에 있는 작은 산 이름입니다. 후한 말 손권과 유비의 연합군이 동풍을 활용한 화공으로 조조의 대군을 쳐부순 적벽대전의 현장이지요. 모래 속에 묻힌 당시의 창 조각이 아직 다 녹슬지 않았다고 했지만, 시인은 그것이 오래전 전투의 유물이라는 것을 알고 감회에 젖습니다. 만약 그때 동풍이 불지 않았다면 조조는 또 어떻게 됐을까요.

역사적 사실을 소재로 삼으면서도 실제 일어나지 않은 사건까지 곁들이는 그의 상상력이 시의 밀도감을 한층 더 높여줍니다. 이런 시를 읽을 때마다 제 상상력이 얼마나 빈약한지 돌아보게 됩니다.

멀리 가려면 함께 가라

여러분은 코로나19 하면 뭐가 떠오르나요? 저는 말도 많고 탈도 많은 백신이 생각납니다. 백신을 개발한 글로벌 제약 회사 가운데 화이자는 참으로 재미있는 기업입니다. 팬데믹의 영향으로 세계에 이름을 떨쳤죠.

사실 화이자가 처음 문을 연 것은 1849년입니다. 1861년에 미국에서 남북전쟁이 터지고 화이자는 전투 식량의 부패를 막아주는 방부제를 개발해 큰돈을 벌었습니다. 또 생약으로 진통제를 만들어 납품하기도 했죠. 전쟁에서 북군의 편에 섰던 화이자는 북군이 승리함으로써 종전 후에도 승승장구합니다.

그런데 장밋빛 전성기는 경쟁 업체 머크의 등장으로 막을 내립니다. MBA 출신의 세일즈맨들을 대거 동원한 머크의 공격적인 세일즈에 화이자는 큰 곤경을 치릅니다. 또 다른 경쟁 업체인 일라이 릴리(Eli Lilly)가 수백 명의 약사를 판매원으로 파견하기도 했죠.

위기에 처한 화이자는 퇴역 군인에서 힌트를 얻습니다. 화이자가 급성장할 수 있었던 배경에는 언제나 전쟁이 있었습니다. 남북전쟁으로 회사를 일으켰고 제2차 세계대전을 통해 글로벌 기업이 됐으니까요.

권토중래의 정신을 보여준 화이자

화이자가 퇴역 군인을 내세워 애국심 마케팅을 선보입니다. 이러한 마케팅은 화이자는 나라가 어려울 때마다 앞장서왔다는 사실을 소비자에게 각인시킵니다. 결과는 대성공이었습니다. MBA 박사나 약사를 동원하는 것보다 훨씬 효과적이었죠. 이후 고지혈증 치료제, 고혈압 치료제를 개발하고 그 유명한 비아그라를 내놓으면서 화이자는 세계 최고의 제약 회사로 올라섭니다.

이후에도 경영상의 위기를 맞을 때마다 화이자는 절치부심(切齒腐心)과 권토중래의 정신을 보여줍니다. 어려운 여건에도 반드시 매출액의 15퍼센트 이상을 연구 개발비에 투자한다고 합니다. 요즘 화이자는 질병과 고통 없는 노후를 위한 영약을 개발하고 있습니다.

화이자가 전쟁에서 공을 세운 퇴역 군인들과 함께 힘을 합친 것은 대단한 역발상이었습니다. 경쟁 업체를 따라서 엘리트를 기용하지 않고 가장 화이자다운 방법으로 위기를 기회로 바꾼 셈이죠.

이렇게 위기 상황일수록 합심해 역경을 헤쳐나가는 사례가 또 있습니다. 세계적인 명지휘자 아르투로 토스카니니(Arturo Toscanini)는 본래 바이올린 연주자였습니다. 그는 18세에 교향악단의 단원이 되었으나 시력이 점점 나빠져 악보를 볼 수 없게 되었죠. 그래서 그는 악보를 통째로 외우기 시작했습니다. 자신의 바이올린 파트뿐만 아니라 다른 악기 파트까지 몽땅 외웠습니다.

그러던 어느 날 연주 시간이 다 되었는데도 지휘자가 나타나지 않는 불상사가 발생했습니다. 연주회를 하려면 지휘자를 내세워야 했는데 단원들의 논의 끝에 토스카니니에게 지휘해줄 것을 부탁했습니다. 이유인즉 지휘자라면 최소한 악보만큼은 모두 외우고 있어야 하는데 유일하게 토스카니니만이 모든 파트의 악보를 외운다는 거였지요.

이렇게 해서 세계적인 명지휘자 토스카니니의 첫걸음이 시작되었습니다. 그는 이 일을 훗날 이렇게 회고했습니다.

"나의 시력 저하가 나를 명지휘자로 만들어줬다."

시련을 기회로 삼으려면

인생을 살아가면서 시련과 위기가 왔을 때 이를 피하지 않고 기회로 만들 줄 알아야 합니다. 이런 기회를 만들려면 긍정의 마음으로 시련과 위기를 극복하는 자세가 필요합니다. 현대그룹 창업주 고(故) 정주영 회장이 강조한 것도 바로 긍정적 마인드입니다. 그가 입에 달고 살았다는 "해봤어?"는 실패를 두려워하지 말라는 말로 해석됩니다.

실패는 누구나 할 수 있습니다. 그러나 실패를 성공하기 위해 겪는 과정이라 생각하고 긍정적으로 대하는 사람만이 성공할 수 있습니다. 어떤 문제를 해결해야 할 때 친구나 친지의 힘이나 능력을 끌어들여 문제를 해결하는 것도 여러분의 능력이자 자산입니다. 여러분이 사회생활에서 인맥이나 인간관계를 돈독히 하는 것도 멀리 가려고 함께 가는 열정인 것입니다.

우리가 최선을 다한다는 것은 자신의 능력은 물론이고 자신이 가지고 있는 모든 인간관계를 총동원한다는 것입니다. 우리가 가진 많은 것은 보지 못한 채 우리가 갖지 않은 것만을 남과 비교하고 집착하게 되면 행복은 멀어지게 됩니다. 항상 매사에 적극적이고 긍정적인 사고를 가지고 솔선수범하는 자세로 살아가십시오. 그래야 남들과 더불어 함께 멀리 가고 성공에 가까워질 수 있습니다.

'사면초가'에 갇힌 항우의 실패 요인

우미인초(虞美人草)

증공

홍문의 연회에서 범증의 옥두가 눈처럼 깨지니

항복한 진나라 십만 병사 피가 밤새 흘렀네.

함양의 아방궁 불길 석 달이나 붉게 타고

항우의 패업 꿈은 연기 되어 사라졌네.

강하기만 하면 필시 죽고 의로워야 왕 되는 법

음릉에서 길 잃은 건 하늘의 뜻만이 아니라네.

영웅은 만인을 대적하는 법을 배워야 하거늘

어찌 그리 가슴 아파하며 미인을 슬퍼했던가.

삼군이 다 흩어지고 깃발마저 쓰러지니

옥장 속의 어여쁜 여인 앉은 채로 늙어가네.

향기로운 영혼 검광 따라 하늘로 날아가더니

푸른 피가 변해 들판의 풀꽃 되었구나.

꽃다운 마음 싸늘한 가지에 머물러 있고

옛 노래 들려오니 눈썹을 찌푸리는 듯해라.

슬픔과 원망 속에 근심 깊어 말도 못 하니

초나라 노랫소리 듣고 놀랐을 때와 같네.

도도히 흐르는 강물 예나 지금이나 변함없고

한나라 초나라 흥망도 언덕 위 흙 한 줌일 뿐

지난 일 모두 부질없게 된 지도 오래인네

잔 앞에 슬퍼하던 꽃 누굴 위해 하늘거리는고.

鴻門玉斗紛如雪　十萬降兵夜流血　咸陽宮殿三月紅　霸業已隨烟燼滅

剛强必死仁義王　陰陵失道非天亡　英雄本學萬人敵　何用屑屑悲紅粧

三軍散盡旌旗倒　玉帳佳人坐中老　香魂夜逐劍光飛　靑血化爲原上草

芳心寂寞寄寒枝　舊曲聞來似斂眉　哀怨徘徊愁不語　恰如初聽楚歌時

滔滔逝水流今古　漢楚興亡兩丘土　當年遺事久成空　慷慨樽前爲誰舞

● ○ ●

‘권토중래’ 이야기에 이어 ‘사면초가’에 갇힌 항우와 그의 애첩 우희에 얽힌 사연을 살펴봅니다.

　이 시 〈우미인초〉는 당송 팔대가(唐宋八大家)의 한 사람인 송나라 시인 증공(曾鞏)의 칠언절구입니다. 첫 구에 나오는 "홍문의 연회(鴻門之宴)"는 중국 역사상 가장 드라마틱한 술자리로 꼽히죠. 천하를 놓고 패권을 겨루는 자리였으니 더욱 그렇습니다.

원래 이 연회는 항우가 유방을 암살하려고 마련한 것이었습니다. 항우의 참모 범증은 "큰 뜻을 품고 있는 유방을 이번 기회에 반드시 제거해야 한다"라며 칼춤 도중에 죽이려 했지요.

명참모 기지로 위기 벗어난 유방

그러나 이 자리에서 유방은 항우에게 최고의 예를 갖추며 위기일 발의 예봉에서 벗어났습니다. 유방이 워낙 공손한 태도를 보이자 항우는 마음이 흔들렸죠. 그가 우유부단하게 망설이는 동안 유방의 책사 장량이 음모를 간파하고 무장 번쾌와 함께 분위기를 반전시켰습니다. 그 덕분에 유방은 은밀히 연회장을 빠져나가 후일을 도모할 수 있었지요.

결국 항우는 '독 안에 든 유방'을 잡지 못하는 결정적인 실수를 했습니다. '역발산기개세(力拔山氣蓋世)'의 힘을 자랑하던 그가 자신을 지나치게 믿다가 비운의 패자가 된 것이죠. 함양을 불사르고 팽성에 도읍을 정한 다음 초패왕에 오를 그가 끝내 해하(垓下)의 싸움에서 유방에게 참패하는 결과를 자초한 것입니다.

유방의 군대에 쫓겨 안휘성의 12미터 절벽 아래 해하까지 밀린 그는 군사도 적고 식량도 바닥나서 영루로 들어가 문을 닫는 것 외에 달리 방법이 없었지요. 이때 등장한 것이 그 유명한 '사면초가'입니다.

어느 날 밤 사방에서 초나라 노래가 구슬프게 울려 퍼졌지요. 유방이 항복한 초나라 군사들에게 고향 노래를 부르게 한 것이었습니다. 항우의 군사들은 그리운 고향의 노랫소리에 마음이 약해져 눈물을 흘리며 앞다퉈 도망쳤죠.

"한이 이미 초를 모두 얻었단 말인가. 초나라 사람이 어찌 이리 많은고?"

항우는 탄식했습니다. 그리고 "군사를 일으킨 지 8년 동안 70여 차례 싸우면서 한 번도 패한 적 없이 모든 싸움에 이겨 천하를 얻었으나 여기서 곤경에 빠졌으니, 이는 하늘이 나를 버려서이지 내가 싸움을 잘못한 것은 아니리"라고 한탄했지만 때는 이미 늦었습니다.

무덤가에 핀 꽃 한 송이

절망한 그가 애첩 우희에게 시 한 수를 읊었지요. 그게 바로 〈해하가(垓下歌)〉입니다.

힘은 산을 뽑고 기운은 세상을 덮지만

때는 불리하고 오추마도 달리지 않는구나.

오추마가 달리지 않으니 내 어찌하랴

우야, 우야. 너를 장차 어쩌란 말인가.

力拔山兮氣蓋世 時不利兮騅不逝 騅不逝兮可奈何 虞兮虞兮奈若何

　그의 애통한 노래를 듣고 우희는 "한나라 병졸들 이미 우리 땅을 모두 차지해/ 사방에 들리느니 초나라 노랫소리뿐이네/ 대왕의 드높던 뜻과 기개마저 다하였으니/ 하찮은 이 몸 어찌 살기를 바랄 수 있으리(漢兵已略地 四面楚歌聲 大王義氣盡 賤妾何聊生)"라며 눈물을 지었습니다.

　그러고는 항우의 검을 뽑아 스스로 목숨을 끊었지요. 이후 그녀의 무덤가에 한 송이 꽃이 피어났고, 사람들은 이를 '우미인초(虞美人草, 개양귀비)'라고 불렀습니다. 항우도 오강에서 '권토중래' 권유를 뿌리치고 자결하고 말았지요.

　이들의 드라마틱한 삶은 오랫동안 입에서 입으로 전해졌고, 경극 〈패왕별희〉 같은 예술 작품을 통해 지금까지 이어지고 있습니다.

뛰어난 군주는 남의 지혜를 빌린다

역사가들은 항우의 실패 요인을 여러 가지로 분석했습니다. 지나친 자만심과 우유부단함으로 인한 기회 상실, 의심이 많아 훌륭한 인재를 많이 놓친 점, 장기적 안목의 전략 부재 등이 주요 항목으로 꼽히지요. 이 중에서도 저는 인재를 제대로 쓸 줄 몰랐던 점을 가장 큰 요인으로 들고 싶습니다.

귀족 출신인 그는 부하들을 전적으로 믿지 못하고 의심하는 바람에 오히려 참모들의 배반을 자초했지요. 자기 능력을 과신하고 자만에 빠져 남의 의견을 경청하지도 않았습니다. 그에게는 장량과 한신, 진평 같은 인재들이 몰려들었지만 이들을 신뢰하지 못하고 의심으로 내쳤습니다. 이들은 모두 유방에게 넘어가 항우를 쓰러뜨리는 일등공신이 되었죠.

그가 믿은 것은 같은 혈육인 항씨 세력뿐이었습니다. 제갈량에 버금가는 범증마서 믿지 못했으니 결과는 불을 보듯 뻔했습니다. 70여 차례의 '전투'에서는 이겼지만 천하의 운명을 좌우할 '전쟁'에서는 지고 말았으니, 뛰어난 장군이긴 했으나 훌륭한 왕이 되기에는 부족한 인물이었지요.

한비자가 말한 '군주의 등급'을 새삼 떠올려봅니다.

"군주 중에서 하급인 '하군(下君)'은 오로지 자신의 힘과 지혜를 소진하고, 중급인 '중군(中君)'은 남의 힘을 발휘하게 하고, 상급인 '상군(上君)'은 여러 사람의 지혜를 발휘하게 한다."

인재 없이는 기업도 없다

저는 공학박사 출신이지만 영업이 주특기라는 말을 듣곤 했습니다. 그만큼 영업을 중요시했습니다. 영업력이 없는 CEO나 임원은 엔진을 조작할 줄 모르면서 키만 움직이는 선장이나 항해사와 다를 바 없다는 신념으로 임직원들을 교육했습니다.

당시 동양시스템즈에서 CEO로 일할 때 임원들에게 배포해 숙지토록 한 소책자가 있습니다. '이사의 자질과 소양'이라는 제목의 책에는 영업력을 강화하는 실천 지침이 가득 차 있었습니다. 임원들에게 고객을 만나 자질과 소양을 인정받음으로써 회사 역량을 높일 수 있는 '프로 이사'가 되라고 강조했지요.

기술은 기본, 알파를 찾아라

제가 미국 AT&T 벨 연구소에서 쌍용그룹 임원으로 스카우트된 뒤 얼마 후 쌍용정보통신에서 일할 때의 일입니다. 그 당시 쌍용정보통신 사장께서 저에게 제안했습니다.

"자네는 박사학위가 있으니 기술연구소장직을 맡아주게."

그러나 저는 영업 임원을 맡겠다고 했습니다. 박사학위를 받고 벨 연구소에서 연구 개발을 했던 터라 대한민국에 귀국할 때 대학이나 연구소가 아닌 기업을 택한 만큼 CEO가 되겠다는 신념이 있었기 때문입니다. 이후 1999년에 동양시스템즈 대표이사 사장으로 부임하면서 직전년도 570억 원에서 다음 해는 835억 원으로 매출을 50퍼센트 가까이 신장시키고 이익을 극대화했습니다. 이를 바탕으로 2001년 1월에 동양시스템즈를 코스닥에 상장시킬 수 있었지요. 동양시스템즈가 마이크로소프트사와 영업할 때 저는 마이크로소프트의 빌 게이츠(Bill Gates)를 만난 적이 있습니다. 그 자리에서 게이츠는 잊을 수 없는 말을 했습니다.

"우리가 기술력에만 의존했다면 오늘의 마이크로소프트가 없었을 겁니다. 나는 회사의 성장 단계에 따라 능숙하게 변신했고, 특히 마케팅 분야에서 나는 귀재로 불립니다. 기술은 당연히 갖춰야 할 한 가지 필수 요소에 불과합니다."

사람이 최고의 자원이다

저는 동양그룹과 아무런 인연이 없는 상태에서 외부에서 영입된 전문경영인이었습니다. 저는 동양시스템즈의 독자적인 비전을 제시하는 데 전력을 다했습니다. 그룹 내 매출 의존도를 줄이고 한 가지 분야에서만이라도 세계 최고가 돼야 한다고 강조했습니다. 언제나 '한국 내에서의 1위라도 세계 시장에서 살아남으리라는 보장이 없는 무한 경쟁 시대가 오고 있다'고 언급하면서 '세계를 상대로 한 솔루션 공급 업체가 되자는 것은 생존을 위한 조건'이라고 주장했습니다.

그러나 제가 가장 강조한 것은 '회사의 자원 가운데 사람이 가장 중요하다'는 철학입니다. 임직원들을 객관적으로 평가하고 적절한 보상을 하는 것을 인사 관리의 우선순위로 두었습니다. 취임 초부터 투명 경영을 누누이 강조하고 실적 중심의 보상 체계를 도입했습니다. 공장이 없는 SI(System Integration) 업체의 경우 '사람이 곧 공장'이라는 개념에서 보상 체계를 수립한 것이지요.

당시 많은 기업이 직원들의 이직 문제로 골치를 앓고 있었습니다. 저는 직원들이 이직하겠다고 사직서를 써오면 반드시 질문을 던졌습니다. 임직원이 벤처 회사로 옮기겠다고 하면 두말없이 보내주고, 그냥 다른 회사로 간다고 하면 설득해서 우리 회사에 주저앉혔습니다. 그러다가 벤처 붐이 꺼지고 벤처 회사에서 다시 돌아오겠다는 직원이 있으면 반갑게 맞았습니다.

그들은 새로운 경험과 실패를 맛보았기에 어떤 프로젝트를 맡겨도 잘할 수 있는 용기와 패기가 있습니다. 동양시스템즈를 코스닥에 상장시키면서 임직원들에게 스톡옵션도 나눠주었습니다. 지금도 가장 신나는 일터가 어디였을까 생각해보면 동양시스템즈가 떠오릅니다. 저뿐만이 아니라 옛 직원들도 그렇게 말하는 걸 보면 인재 경영이 기업의 시작이자 끝임을 알 수 있습니다.

— 2부 —

詩
格

리더의 시
리더의 격

'시'에서
발견한
삶의 지혜

+

'경영'에서
깨달은
일의 품격

역경

소동파를 키운 '3주'의 공통점

금산에서 그려준 초상화에 시를 쓰다(自題金山畵像)

소동파

마음은 이미 재가 된 나무 같고

몸은 마치 매여 있지 않은 배와 같네.

그대가 평생 한 일이 무엇이냐 묻는다면

황주이고 혜주이고 담주라고 하겠네.

心似已灰之木　身如不系之舟　問汝平生功業　黃州惠州儋州

● ○ ●

이 시는 북송 시인 소동파(蘇東坡)가 65세 때 하이난섬(해남도) 유
배를 마치고 돌아올 때 쓴 것입니다. 당시 유명한 화가가 동파의
초상화를 그려줬는데 그 그림 옆에 이 시를 적었다고 합니다.

이 시에 나오는 황주, 혜주, 담주는 어디일까요. 황주는 지금의
후베이성 동부에 있는 황저우, 혜주는 광둥성(廣東省) 중부의 후이
저우, 담주는 하이난성(海南省)의 북쪽에 있는 단저우를 말합니다.

소동파는 왜 이 세 곳을 일컬어 '평생의 공업(功業)'을 이룬 장
소라고 말했을까요? 이들 '3주(州)'의 공통점은 소동파가 온갖 고
생을 다한 유배지라는 것입니다.

너무나 가난했던 '동파거사'

그가 황주에 유배됐을 때는 나이 43세 때였지요. 조정을 비판하
는 글을 지었다는 죄목으로 파직돼 감옥에 갇혔다가 이곳으로 쫓
겨난 그는 농사를 직접 지으며 겨우 연명했습니다. 동쪽 언덕에
밭을 가꾸고 숨어 사는 선비라는 뜻의 '동파거사(東坡居士)'를 호
로 삼은 것도 이때였지요.

그는 너무 가난해서 지출을 하루 150문(文)으로 정해놓고 매월
초에 4,500문을 꺼내 30등분을 했습니다. 봉지에 싸서 천장에 매
달아놓고, 매일 아침 150문이 든 봉지를 하나만 꺼냈죠. 커다란
대나무 통 한 개를 따로 준비해 쓰고 남은 돈을 거기에 넣었습니
다. 이 돈을 모아 손님이 찾아오면 겨우 접대를 할 수 있었지요.

그 와중에도 그는 이곳에서 사망률이 높은 어린이들을 구하는
구제위원회를 만들어 백성들을 돌봤습니다. 배고픈 사람들을 위
해 돼지비계찜인 홍소육을 개발하기도 했죠. 약한 불에 적은 물

로 푹 삶는 수육 스타일의 요리법을 적은 시로 〈식저육(食猪肉)〉을 썼고, 멀리서 온 친구와 뱃놀이를 즐기며 그의 대표작 〈적벽부(赤壁賦)〉까지 남겼습니다. 유배 시절이 오히려 약이 된 것이죠.

'3주'가 없었다면 천하명문도 없었으리

혜주는 그가 58세 때 유배된 곳입니다. 이곳은 한족의 손길이 미치지 않는 땅이어서 유배지 중에서도 최악으로 꼽혔지요. 그러나 이곳에서도 그는 백성들을 위해 제방을 쌓고 홍수 피해를 줄이려 갖은 노력을 다했습니다. 공부도 더 열심히 하고 시도 많이 썼지요.

마지막 유배지인 담주는 아예 문명과 떨어진 미개지였습니다. 지금은 제주도 같은 관광지가 됐지만, 그때는 제대로 된 집도 없고 먹을 것도 귀했죠. 쌀이 없어서 툭하면 굶었고 육고기는 꿈도 꿀 수 없었습니다. 약품은커녕 시원한 샘물마저 드물었다고 합니다. 이곳에서 4년을 지내는 동안 그는 동파서원을 개설하고 시와 글을 가르쳤습니다. 그가 생활하고 강의하던 장소는 원대(元代)에 확장한 뒤로 이 지역의 역대 최고 학부가 됐지요.

이처럼 소동파의 인생에서 황주, 혜주, 담주의 유배 시절이 없었다면 위대한 시와 글, 남다른 성찰과 결실이 나올 수 없었을 것입니다. 그 시절은 고통스러웠지만, 인생 전체로 보면 그를 키우고 완성시킨 자양분이 되어준 곳이 바로 이들 '3주'였던 것입니다.

혁신으로 정면 돌파하라

기업들이 제일 부단한 노력을 기울이는 분야가 바로 혁신이 아닐까 합니다. 리 빈셀(Lee Vinsel) 버지니아공과대학교 교수와 앤드루 러셀(Andrew Russell) 뉴욕주립대학교 폴리테크닉 인스티튜트 교수는 혁신을 "이익을 내기 때문에 성과가 측정될 수 있는 변화"로 정의합니다. 또 세계적인 경영학자 피터 드러커(Peter Drucker)는 혁신을 "소비자들이 이제껏 느껴온 가치와 만족에 변화를 일으키는 활동"으로 봅니다.

애플의 아이폰은 막대한 이익을 냈고 뚜렷한 성과를 냈습니다. 아이폰이 이처럼 유형적이고 성과를 측정할 수 있는 것은 탁월한 혁신 제품이기 때문입니다. 이처럼 기업은 혁신을 위해 불철주야로 노력하고 있습니다. 혁신은 말 그대로 가죽을 벗겨내는 고통이 따르죠. 기업은 혁신을 통해 새로운 시장을 선점하는 기회를 찾고 미래 성장동력을 확보합니다.

실패는 혁신의 어머니

미국의 3M에는 직원들이 근무 시간의 15퍼센트를 혁신적 아이디어 창출을 위해 사용하는 '15퍼센트 문화'가 있습니다. 1948년 시작된 이런 문화의 결과로 포스트잇이라는 유명한 상품이 탄생했습니다.

이 제품은 우여곡절 끝에 개발됐는데 그 시작은 3M의 초강력 접착제 프로젝트입니다. 수많은 시행착오 끝에 직원들이 표면 상태를 가리지 않고 어디에나 붙는 대단한 접착제를 발명했습니다. 하지만 대단하다고 불리던 접착제는 그 위에 물건을 붙이자마자 굳고 흘러내려 떨어져버렸습니다. 당시에는 실패작이었죠. 그래서 이 접착제는 버림받았습니다.

그런데 마침 세미나에서 그 접착제를 본 아서 프라이(Arthur Fry)가 책갈피로 써보면 어떻겠나 하는 아이디어를 떠올립니다. 그는 3M의 과학자인 스펜서 실버(Spencer Silver)에게 접착제 샘플을 받아서 발명을 계속합니다. 그 과정에서 접착 가능한 메모지 상품을 구상했죠.

접착제를 발명한 실버는 20대 중후반의 입사 2년차 신입 연구원이었는데, 이 제품을 어떻게든 활용해보려 연구하고 세미나도 열었지만 별 소용이 없었습니다. 몇 년이 지나고 나서야 같은 회사 직원 아서 프라이가 알맞은 용도를 알려주었고 덕분에 빛을 봤습니다. 종이에 바르면 종이를 이곳저곳에 붙였다 떼었다 하기 쉽고, 접착제도 남지 않는다는 점에 주목해 새로운 제품을 탄생시켰습니다. 포스트잇은 3M의 효자 상품이 되었습니다. 현재는 제조 회사를 불문하고 붙였다 뗐다 할 수 있는 메모지를 가리키는 대명사로 쓰이고 있을 정도입니다.

세계 최대 숙박 공유 서비스인 에어비앤비(Airbnb)도 혁신이 아니면 탄생하지 못했을 기업입니다. 에어비앤비는 조 게비아(Joe Gebbia)와 브라이언 체스키(Brian Chesky), 네이선 블레차르치크(Nathan Blecharczyk)가 머물던 샌프란시스코의 한 아파트에서 시작됐습니다. 이 아파트는 게비아의 집이었는데 2007년 당시 세 명의 공동창업자가 함께 지내던 곳이었습니다.

그때 세 사람은 새 사업을 시작하겠다며 다니던 직장을 나왔습니다. 게비아는 세상에 영향을 미치고 싶다면서 혁신적 아이디어를 분출해냈죠. 그 과정에서 세 사람은 집 안에 남는 공간이 있다는 것을 깨달았습니다. 집이 큰 것은 아니지만 잘 쓰지 않는 공간이 있었던 겁니다. 마침 2007년 10월 샌프란시스코에서는 대규모 디자인 콘퍼런스가 열리고 있었습니다. 호텔마다 손님들로 만원이었죠. 이들은 가욋돈을 벌고자 세 명의 디자이너에게 집을 빌려줬습니다. 세 창업자는 손님에게 샌프란시스코의 커피숍과 식당을 소개하고 아파트 근처 동네를 보여주기도 했습니다. 손님에게 에어 베드와 아침 식사를 제공해줬다는 점에 착안해 만들어진 것이 지금의 에어비앤비(Airbnb, air bed & breakfast)입니다.

혁신으로 새로운 가치 창출

에어비앤비는 그동안 상품으로 여겨지지 않았던 집에서 가치를 창출하고 사업을 확장했습니다. 어차피 남는 방으로 돈을 벌 수 있다는 것은 혁신적 사고에서 출발한 개념이죠. 에어비앤비는 일반 주택에 공유 가치를 입혀 숙박의 지평을 넓혔고 숙박업인데도 부동산을 소유하지 않는 사업 모델로 지속 가능한 기업이 되었습니다.

핵심 경쟁력은 공급자와 소비자를 간편하게 연결하는 소프트웨어에 있으며 구글, 아마존과 넷플릭스 등 다른 혁신 기업들과 마찬가지로 네트워크 효과를 살렸습니다. 에어비앤비는 2020년 12월 10일에 나스닥에 기업공개(IPO)를 성공리에 마치며 시가총액 100조 원을 돌파했습니다. 글로벌 호텔 체인인 메리어트의 2배, 힐튼의 3배를 넘는 기업 가치를 인정받으며 성공하는 데 가장 큰 영향을 미친 것은 바로 혁신 DNA입니다. 실패를 두려워하지 말고 어려움 속에서 지혜를 발견하려는 노력에서 혁신 아이디어와 새로운 가치가 나올 수 있을 것입니다.

창의력

견우직녀에게 배우는 우주적 상상력

칠석(七夕)

이옥봉

만나고 또 만나고 수없이 만나는데 무슨 걱정이랴
뜬구름 같은 우리네 이별과는 견줄 것도 아니라네.
하늘에서 아침저녁 만나는 것을
사람들은 일 년에 한 번이라 호들갑을 떠네.

無窮會合豈愁思　不比浮生有離別　天上却成朝暮會　人間漫作一年期

● ○ ●

칠석을 앞두고 밤하늘을 올려다보다 문득 이 시를 펼쳤습니다.
사람들은 일 년에 한 번 만나는 견우와 직녀가 안타깝다고 호들
갑을 떨지만 정작 하늘에선 아침저녁으로 만난다는 발상이 참 재

미있습니다.

똑같은 자연 현상인데 바라보는 시각은 이렇게 다르군요. 그야말로 천지(天地) 차이입니다. 하기야 천계(天界)와 인간계(人間界)의 시간이 같을 리 없겠지요. 장자의 제물론(齊物論)에도 "이 세상에 털끝보다 더 큰 것이 없고, 큰 산도 좁쌀만큼 작게 보이는 수가 있다"고 했으니, 관점에 따라 달리 보이는 것이 한둘이 아닙니다.

우리말 '미리내'는 용(미르)이 사는 시내

시인들의 상상력은 참으로 끝이 없습니다. 밤하늘 긴 별무리에 '은하수(銀河水, 은빛 강물)'라는 멋진 이름을 붙이다니! 같은 한자 문화권인 중국과 일본에서도 '은하', '천하(天河)', '천천(天川)'이라 부르지요. 순우리말 '미리내'는 '용(미르)이 사는 시내'여서 더욱 아름답습니다.

은하수 양쪽의 견우(牽牛)와 직녀(織女) 이야기는 또 얼마나 애틋한가요. 소 치는 목동과 베 짜는 여인의 러브 스토리는 한·중·일 3국이 다 좋아하는 드라마입니다. 은하수에 다리가 없어 애태우는 둘에게 까마귀와 까치가 오작교(烏鵲橋)를 놓아준다는 설정이 흥미롭지요.

두 연인이 하늘에서 만나는 칠월칠석은 좋은 숫자 '7'이 겹친 길일(吉日)입니다. 이날 저녁에 오는 비는 두 사람이 흘리는 기쁨의 눈물이고, 다음 날 동틀 무렵에 내리는 비는 이별을 아파하는 슬픔의 눈물이죠.

그래서 칠석 빗물을 약수 삼아 목욕하는 풍습이 전해져옵니다. 중국에서는 칠석을 '연인의 날'이라 해서 데이트를 즐기고, 일본에선 조릿대에 단자쿠(短冊, 소원을 적어 매단 종이)를 걸고 복을 빕니다.

견우와 직녀가 사는 곳은 어디쯤일까요. 견우성(牽牛星)은 은하수 동쪽 독수리자리에 있는 알타이르(Altair)라는 별입니다. 지구에서 16.7광년 떨어져 있지요. 태양보다 약 2배 크고 10.6배 밝습니다. 직녀성(織女星)은 은하수 서쪽 거문고자리의 베가(Vega)를 가리킵니다. 지구와 25광년 거리에 있고, 태양의 2.3배 크기에 밝기는 34~40배나 되지요. 견우보다 직녀가 더 크고 밝습니다.

오작교 길이는 광속으로 16년 거리

이들은 어떻게 만날까요? 실은 만나지 못하고 제자리에서 바라보기만 합니다. 지구의 공전에 따라 우리 위치가 바뀌어서 그렇게 보일 뿐이죠. 칠석 무렵 우리 머리 위에서 반짝이는 두 별의 각도 때문에 극적 상봉과 같은 착시가 일어납니다.

두 별 사이의 거리는 약 15.7광년에 달합니다. 까막까치가 놓은 오작교 길이도 그만큼 길지요. 빛의 속도로 달려서 16년, 사람의 평균 도보 속도(시속 5.5킬로미터)로는 31억 년쯤 가야 닿는 거리랍니다.

시인들은 이런 시공간의 한계를 단숨에 뛰어넘지요. 조선 중기 여성 시인 이옥봉도 "만나고 또 만나고 수없이 만나는데 무슨 걱정이랴/ 뜬구름 같은 우리네 이별과는 견줄 것도 아니"라며 우리 눈을 우주의 시각으로 확장시켜줍니다.

연암 박지원은 시 〈칠석〉에서 "소 모는 소리 구름까지 들리더니/ 높은 산 밭두둑 푸르게 걸어놓았네/ 견우직녀는 어찌 오작교만 건너나/ 은하수 저쪽에 배 같은 달 있는데"라고 노래했습니다.

황진이는 한 걸음 더 나아가 견우와 직녀가 만난 뒤의 풍경을 노래합니다. 〈반달(詠半月)〉이라는 시에서 그는 "누가 곤륜산의 옥을 잘라/ 직녀의 머리빗을 만들었나/ 견우가 떠나간 뒤/ 수심 겨워 저 하늘에 던져버린 것"이라 묘사했죠.

반달과 곤륜산의 옥, 머리빗을 연결하는 방식이 매우 참신합니다. 옥의 주산지인 곤륜산을 끌어와서는 그것으로 직녀의 머리빗을 만들고, 견우와 헤어지고 난 뒤 상심해서 허허로운 하늘에 던져버린 것이 반달이라니 그 상상의 넓이가 무한대에 가깝습니다.

최고의 별 관측법

중국 시인들은 견우와 직녀가 서로 만나지 못하는 점에 더 관심을 기울인 것 같습니다. 작자미상의 고시 〈초초견우성(超超牽牛星)〉에 나오는 "은하수는 맑고도 얕은데/ 떨어진 거리 얼마나 되랴/ 찰랑이는 물 하나 사이로/ 그리워도 말을 건네지 못하네"라는 대목이 대표적이죠.

일본 현대 시인 다카바타케 고지는 〈칠석 비 내리는 밤하늘에〉에서 "천구에/ 아름다운 곡선/ 우주색의 리본/ 내가 떠 있는 밤하늘과/ 당신이 사는 지상/ 서로 이어져 있어요"라는 구절로 천상과 지상의 화음을 연결했습니다.

가네코 미스즈의 〈칠석 무렵〉은 "아무리 늘리고 늘려도 아직 멀어서/ 밤하늘의 별, 은하수/ 언제쯤이면 닿을 수 있을까"라는 안타까움을 "소원을 적어 매달아놓은/ 오색의 예쁜 종이가/ 바래서 쓸쓸한 조릿대나무 가지"라는 아픔과 함께 녹여냈죠.

이 모두가 은하수를 사이에 두고 마주보는 두 별의 애절한 사랑을 인간 삶에 투영한 작품들입니다. 미묘하게 다른 듯하면서도 상상력의 예각을 먼 우주 영역까지 넓혔다는 점에서 서로 닮았지요.

칠석날 하늘은 여느 때와 똑같겠지만, 누군가는 이제 은하수 양쪽에서 서로 부르는 두 별의 표정을 각별하게 바라볼 것입니다. 별을 관찰하는 최고의 방법은 어린이의 눈으로 보는 것이라 했죠. 수많은 시인의 문학적 영감도 여기에서 나온 것 같습니다.

위성·탐사선 이름도 '우리별', '오작교'

우주를 향한 인류의 항해는 인문과 과학의 두 항구에서 출발합니다. 우리나라가 쏘아 올린 최초의 인공위성 이름은 '우리별'입니다. 광대무변의 우주 공간에서 별들의 신비를 탐구하는 첫 관측 위성이라는 의미와 잘 어울리지요.

중국이 달 뒷면에 착륙시키기 위해 쏘아 올린 우주 통신 중계 위성 이름은 '췌차오(鵲橋, 오작교)'입니다. 이 덕분에 지구와 교신이 가능했고, 달 뒷면 탐사에 성공했지요. 달 탐사선 '창어(嫦娥)'는 달의 궁전에 산다는 전설 속의 여신 '월궁항아(月宮姮娥)'에서 따온 이름입니다.

일본도 우주탐사선 이름에 '하야부사'라는 이름을 붙였는데 이것은 창공을 나는 '매'를 뜻합니다. 그러고 보니 모두가 별, 달, 매 등 하늘과 관련이 있는 이름이군요. 과학자들의 상상력도 시인과 크게 다르지 않은 듯합니다.

미래에 뜻을 두라

스타트업으로 시작해서 글로벌 기업으로 성장한 미국의 ATM(아마존, 테슬라, 메타) 창업주들에게는 공통점이 있습니다. 바로 창의적 발상으로 누구도 생각하지 못한 미래를 열었다는 거죠. 한두 사람의 힘으로 세상을 바꿀 수 없다고 하지만 이들의 창의성은 세상을 바꾸는 데 크게 기여한 것이 사실입니다.

또 하나의 공통점은 이들이 어려서부터 코딩에 특별한 재주가 있었다는 점입니다. 코딩은 사람의 말을 컴퓨터가 알아들을 수 있는 언어로 바꿔주는 번역 작업을 말하죠. 어려서부터 논리정연하고 창의력이 뛰어난 사람이 코딩을 잘할 수 있다고 합니다.

특히 아마존의 창업자 제프 베이조스(Jeff Bezos)는 어려서부터 특이했다고 합니다. 베이조스는 초등학교 때 컴퓨터를 접할 수 있었던 것이 스타트업의 전환점이 됐다고 밝혔는데요. 그는 1982년 6월 미국 플로리다주 마이애미 팰머토고등학교를 수석으로 졸업하며 졸업생 대표로 연설도 했습니다. 그때 18세 소년인 그는 이렇게 말했습니다.

"저는 인류가 우주를 지배하는 날을 꿈꾸고 있습니다. 사람들이 모두 지구를 떠나면 지구를 거대한 국립공원으로 바꿀 것입니다."

두려움 속에서 눈을 뜨라

그는 이때 이미 우주 탐험의 꿈을 갖고 있었나 봅니다. 베이조스가 아마존을 경영하면서 직원들에게 요구하는 혁신 정신이 있습니다. 우선 '모든 사업을 중장기적으로 생각하라'고 강조합니다. 이는 1997년 아마존의 주주들에게 보낸 주주 서한부터 우주 탐사 기업인 블루오리진의 경영에서도 줄기차게 강조하고 있습니다. 다음으로 베이조스는 제품이나 서비스보다 고객 만족에 역점을 둡니다. 그러면서 그는 파워포인트나 슬라이드형 보고가 아닌 '최대 3페이지로 간략하게 쓴 메모'로 보고할 것을 요구합니다.

이 점은 애플 창업주 스티브 잡스의 경영철학과 비슷합니다. 그는 경영진들에게 큰 결정에 집중하라고 요구했죠. 자잘한 결정 수백 개보다 큰 결정을 하나라도 제대로 하는 것이 더 중요하다고 말했습니다. 마지막으로 그는 경영진들에게 올바른 인재를 고용하라고 입버릇처럼 얘기했습니다. 기업 성장과 성공은 사람에게 달려 있다는 것을 항시 강조합니다.

베이조스가 직원들에게 요구하는 사항이 또 있습니다.

"매일 아침 두려움 속에서 눈을 뜨라."

아마존의 핵심은 경쟁 집착이 아니라 고객 집착입니다. 고객은 언제나 더 많은 것을 바라고 우리를 다그칩니다. 아마존의 오늘이 있게 해준 가장 중요한 원칙은 경쟁자가 아닌 고객에 대한 강박적 집착이죠. 고객들이 아마존에 충성하는 것은 우리보다 더 나은 서비스를 제공하는 다른 회사가 등장하기 직전까지라고 강조합니다.

베이조스는 어렸을 때 꿈을 실현하기 위해 2021년 하반기부터 아마존 CEO에서 물러나 그가 2000년에 창업한 블루오리진에서 우주 탐사 사업에 열정을 쏟고 있습니다. 그는 직원들에게 퇴임 계획을 밝히는 서한에서 자신의 행보를 이렇게 설명했습니다.

"끊임없이 발명하세요. 아이디어가 처음에는 너무 황당하게 보이더라도 절망하지 마세요. 방황하는 것을 잊지 마세요."

그들이 코딩 천재인 까닭

테슬라와 스페이스X의 창업자인 일론 머스크(Elon Musk)도 어려서부터 코딩 천재였다고 알려져 있습니다. 그는 열 살 때 8비트 컴퓨터를 사서 독학으로 코딩을 배워 열두 살 때는 우주선이 등장하는 '블래스터'라는 게임을 만들어 잡지사에 팔았죠. 내성적이고 왕따였던 머스크에게 코딩은 자신감과 사업 감각을 키웠습니다. 머스크가 코딩을 몰랐다면 우리는 테슬라 전기차나 화성

탐사 로켓을 보지 못했을 수도 있습니다.

메타의 전신인 페이스북 창업자 마크 저커버그도 마찬가지입니다. 뉴욕에서 치과의사였던 아버지 에드워드 저커버그가 그가 중학생이었을 때 아들 마크에게 컴퓨터 프로그램을 만드는 코딩을 가르쳤고 소질을 알아보면서 개인 가정교사까지 붙여주었죠.

고등학생이 된 마크는 대학원 과정을 들으며 여러 컴퓨터 간 통신이 가능한 '저크넷'이라는 프로그램도 만들었습니다. 코딩 신동으로 불리며 하버드대학교에 입학한 그가 기숙사에서 재미 삼아 만든 프로그램이 바로 페이스북입니다. 아들의 창의성을 알아본 아버지의 조기 코딩 교육이 전 세계 30억 명이 쓰는 서비스를 탄생시킨 거지요.

저커버그의 일화를 들으면 저의 과거가 생각납니다. 제가 고등학생일 때만 해도 천재적인 두뇌의 아이들은 모두 문과에 진학했습니다. 문과 출신으로 사법고시나 행정고시에 합격해야 출세할 수 있다는 통념이 강했기 때문입니다. 그런데 제 부친은 제가 고등학교 1학년일 때 이과로 전공을 바꾸라고 했습니다. 문과 진학만 생각하고 있던 저는 어리둥절했습니다. 그때 부친께서 하신 말씀이 지재미래(志在未來), 즉 미래에 발전할 분야에 뜻을 두라는 것이었죠. 지금 생각하면 아버지께서는 미래를 보는 선구안이 있었던 것 같습니다.

메타버스 시대를 살아가는 우리 아이들은 말할 것도 없습니다.

전국의 청소년들이 코딩을 국어, 영어, 수학처럼 배워야 합니다.
아이들은 이제 인공지능, 로봇, 자율주행차 등 4차 산업혁명 분야
에서 직업을 갖게 될 것이니까요.

용기

불가능을 가능으로 바꾼 그것

사람들은 불가능하다고 말하지

에드거 게스트

누군가 그런 일은 불가능하다고 말했지.

하지만 그는 껄껄 웃으면서 대답했어.

"그럴지도 모르죠."

스스로 해보기 전에는 알 수 없는 일.

그는 싱긋 웃으며 덤벼들었지.

걱정하는 기색조차 없었어.

노래를 부르며 남들이 할 수 없다던 일과 씨름했고,

결국 그 일을 해냈지.

누군가 비웃었어.

"아무도 한 적이 없는 일을 네가 한다고?"

하지만 그는 모자와 웃통을 벗어던졌지.

그리고 시작했어.

턱을 치켜들고 미소를 지으며,

어떤 의심도 변명도 하지 않고

노래를 부르면서 할 수 없다는 그 일과 씨름했고

결국 그 일을 해냈지.

수많은 사람이 말하지. 그 일은 불가능하다고.

많은 사람들이 실패를 예언해.

그들은 또 말하지.

온갖 위험이 도사리고 있다고.

하지만 활짝 웃으며 덤벼들어봐.

소매를 걷어붙이고 달려들어봐.

노래를 부르면서 불가능하다는 그 일과 씨름해봐.

결국은 해낼 테니까.

● ○ ●

미국 시인 에드거 게스트(Edgar Guest)가 쓴 이 시를 읽으면 용기
가 솟아오릅니다. 불가능을 가능으로 바꾸는 힘! 삶을 대하는 자
세가 얼마나 중요한지도 깨닫게 됩니다. 여차하면 핑계를 대며
일을 피하려는 사람과 남이 비웃을지라도 "소매를 걷어붙이고"

일을 찾아서 하는 사람의 미래는 확연히 다르지요. 어떤 의심이나 변명도 없이 "불가능하다는 그 일"에 달려들 때 우리는 "결국은 해낼" 수 있습니다.

여기, 불가능을 가능으로 바꾼 한 사람이 있습니다. 그는 1890년 미국 인디애나에서 2남 1녀 중 장남으로 태어났습니다. 여섯 살 때 아버지가 돌아가시자 고생길이 시작됐죠. 어머니가 일하러 나간 뒤 그는 어린 동생들을 돌봐야 했습니다. 일곱 살짜리 소년은 음식 만드는 법을 혼자 배웠고, 열 살 때부터는 농장에서 막노동을 했습니다. 열두 살 때 어머니마저 재혼해 떠난 뒤로는 초등학교마저 중퇴해야 했지요.

40세에 빈털터리가 된 사람

이후 증기선 선원부터 농부, 보험판매원 등 닥치는 대로 일을 했습니다. 열여섯 살 때 군에 입대해 쿠바로 파견되어서는 낯선 땅의 이방인으로 지냈지요. 제대 후 철도 노동자와 보험설계사, 주유소 일까지 온갖 경험을 다 했습니다. 가난했지만 결혼도 하고 아이도 얻었지요.

그러나 대공황의 격랑에 휩쓸려 마흔 살에 빈털터리가 되고 말았습니다. 그에게 믿을 것은 어릴 때 배운 요리 솜씨뿐이었지요. 그는 주유소 한 귀퉁이에서 배고픈 여행자들에게 음식을 팔기 시작했습니다.

테이블 하나에 의자 여섯 개로 시작한 레스토랑은 입소문을 타고 날로 번창했지요. 그는 일반적인 팬 형식의 튀김 기계가 아니라 닭고기를 신속하게 조리할 수 있는 압력 튀김 기계를 도입했습니다. 마흔다섯 살에는 켄터키 주지사로부터 '커널'이라는 명예대령 칭호도 받게 됐지요.

그는 여기서 번 돈으로 큰 모텔을 지었습니다. 그러나 불이 나 레스토랑과 모텔이 잿더미로 변해버렸습니다. 그는 또 시작했습니다. 그 자리에 대규모 레스토랑을 다시 지었죠. 그런데 곧 고속도로가 뚫리면서 손님이 뚝 떨어졌습니다. 급기야 헐값에 처분해야 했지요.

실패를 거듭할 때마다 그는 오뚝이처럼 일어섰지만 이제 남은 것은 빚더미뿐이었습니다. 게다가 사랑하는 아들을 잃고 아내에게도 버림받았죠. 나이 예순에 모든 것을 잃고 극한 상황에 빠진 그는 결국 정신병원 신세까지 졌습니다.

65세에 대기만성하기까지

어느덧 인생의 황혼기. 사회보장기금 105달러를 들고 그는 마지막 희망의 길을 떠났습니다. 중고 승용차에 요리 기구를 싣고 전국을 떠돌며 자신이 개발한 닭고기 조리법을 팔러 다녔지요. 굶주림에 시달릴 때는 요리 샘플을 뜯어 먹으면서 끼니를 때웠습니다.

희망은 좀체 보이지 않았습니다. 무려 1,008번이나 퇴짜를 맞으며 문전박대를 당하며 그는 실패를 거듭했습니다. 마침내 1,009번째 시도에서 그는 옛 친구의 레스토랑과 치킨 한 조각당 4센트를 받는 조건으로 계약을 맺었습니다.

그가 본격적으로 프랜차이즈 레스토랑을 운영하기 시작한 것은 65세 때였죠. 레스토랑은 대성공을 이뤘습니다. 가맹점이 2년 사이 600여 개로 불어났고, 지금은 140여 개국에 약 3만 개로 늘어났지요.

그의 이름은 할랜드 데이비드 샌더스(Harland David Sanders). KFC 매장 입구에서 흰 양복에 지팡이를 걸치고 서 있는 노신사가 바로 그 사람입니다. 'KFC 할아버지'의 상징인 흰 양복은 사실 여름 양복입니다. 어느 겨울날 큰 계약을 체결해야 했던 그가 한 벌뿐인 겨울 양복을 세탁해놓은 바람에 여름 양복을 입었는데, 하얀 옷이 깔끔한 인상을 줬다고 합니다. 이후 그는 KFC의 마스코트를 자처하면서 공적인 자리에선 무조건 흰 양복만을 입었지요.

생각하는 사람과 행동하는 사람

그는 훗날 이렇게 말했습니다. "훌륭한 생각을 하는 사람은 많지만, 행동으로 옮기는 사람은 드물다. 나는 포기하지 않았다. 대신 무언가를 할 때마다 그 경험에서 배우고, 다음번에는 더 잘할 수 있는 방법을 찾아냈을 뿐이다."

이렇게 남다른 끈기와 집념으로 그는 가난한 사람들의 희망이 됐습니다. 노년에는 수익금을 교회와 병원, 보이스카우트, 구세군 등에 보내며 외국 고아를 70여 명이나 입양해 보살폈지요. 그의 뜻을 이어받은 KFC 기금은 지금도 세계식량기구를 통해 굶주리는 사람들을 돕는 일에 앞장서고 있습니다.

그가 살아 있다면 "누군가 그런 일은 불가능하다고 말했지"라는 시의 첫 구절처럼 낄낄 웃으며 이렇게 말하겠지요? "노래를 부르면서 불가능하다는 그 일과 씨름해봐/ 결국은 해낼 테니까."

거센 물길에서 용감하게

중국 춘추 시대의 인물인 범려(范蠡)는 월나라 왕 구천(勾踐)을 도와 오나라를 이긴 최고 전략가였습니다. 범려는 오나라를 제압하는 데 기발한 아이디어를 내서 탁월한 공로를 세웠죠. 그러나 그는 연인 서시(西施)와 함께 강호로 도망쳤고 이름을 바꾸고 부를 쌓았습니다. 그는 왜 군주를 버린 걸까요?

부하와 성공의 결실을 제대로 나누지 않는 왕 구천을 믿지 못했던 까닭입니다. 그래서 그는 강호로 떠났습니다. 중국인들은 범려의 행동을 두고 '거센 물길에서 용감하게 물러난다'는 뜻의 급류용퇴(急流勇退)라는 표현을 썼습니다.

여러분은 어떨 때 만족하십니까? 저는 '만족한다'는 말을 함부로 쓰지 말라는 조언을 하고 싶습니다. 사람이 쉽게 만족해버리면 자기 앞길에 널려 있는 무한한 가능성을 닫아두고 현재의 자신에 머물게 되기 때문입니다. '만족합니다'라는 말 대신에 '감사합니다'라는 말로 미래 지향적으로 행복을 추구하세요.

더 나은 미래를 위해 당장의 편안한 삶을 희생하고 안전지대

동양그룹 금융 관련 계열사들의 e비지니스 환경에서의 변신은 당시 생존이 걸린 중요한 문제였습니다. 동양증권은 발 빠르게 인터넷 트레이딩 시스템을 구축하는 것은 물론 사이버 지점 설립 등 내외적인 변신을 해야 했습니다.

동양생명보험 또한 생명보험 업계의 구조조정에서 벗어나 그동안 지속해온 IT 투자에 더욱 관심을 보였습니다. 태평양생명보험을 인수하면서 정보 시스템 통합이 중요한 과제로 주어졌고 사이버 지점 및 상품 매출 등에 투자해야 했습니다. 이 밖에도 동양카드, 동양오리온투신, 동양선물, 동양창투 등 금융 계열사들도 e비지니스 전략을 수립하고 단계적으로 추진해야만 했습니다.

저는 동양그룹 CEO들에게 CIO 정의인 최고정보책임자(Chief Information Officer)에서 최고혁신가가 돼 달라고 강조했습니다. 그룹 회장께서도 관심을 가지시고 배워야겠다는 생각에 그룹 CEO들의 적극적 참여와 관심을 증폭시켰습니다. 2000년 6월에는 그룹 CEO 회의에 우리은행의 상무(CIO)를 초청해서 '인터넷 환경에서의 CIO 역할 변화' 등 많은 강연을 주관했습니다. 동양그룹은 CIO 직제 운영을 통해 안정적이면서 개혁을 완성하는 분위기를 마련했습니다.

또한 저는 부임했을 때 회사명을 동양시스템하우스에서 동양시스템즈로 변경했습니다. 사명 변경을 할 때 '닷컴', '밸리' 등 당시 화두가 되었던 용어들이 많이 거론되었습니다. 그러나 시대상이 너무 빨리 뜨거워졌다 빨리 식는 냄비 근성이 있기에 이보다는 백 년, 천 년을 내다보고 이름 짓는 게 좋겠다고 생각해 '시스템즈'로 개명했습니다. 시스템즈라는 이름에 한탕주의 투자가 아니라 인프라에 근간을 둔 비즈니스를 영속해가는 기업이라는 뜻을 담았습니다.

먼저 생각하고 행동할 것

용감한 결단을 내리기 위해서는 경영자 스스로 본인에게 엄격해야 합니다. 저는 새벽 3시 30분이면 어김없이 일어나 조간신문을 정독하고 인터넷 메일을 확인하고 헬스클럽에서 운동을 한 다음 일과를 시작합니다. 이는 60년 전 중학교 시절부터 지금까지 변하지 않는 습관이며 원칙입니다.

저에게는 신념이 있습니다.

'한 박자 먼저 생각하고 실천에 옮기려면 그만큼 빨리 움직여야 한다.'

여러분도 미래를 내다보는 통찰력을 기르세요. 어떤 일을 성취하려면 많이 안다는 것만으로는 부족합니다. 앞일을 예측할 수 있는 예견력이 있어야 합니다. 이는 여러분이 매사에 끊임없이 도전하고 최선을 다할 줄 알아야 가능하죠. 변화하는 미래를 내다보고 행동하는 예지력을 기르되, 절대 오만해지지 않도록 스스로를 점검하세요.

급속하게 변하는 IT 분야에서는 반걸음만 뒤져도 회복하기 어렵습니다. 기업 경영자가 하루에 반보씩만 앞서가도 그 기업은 멀지 않아 세계 최고 자리에 우뚝 설 수 있을 것입니다.

최선

생업과 직업은 어떻게 다를까요

생업

윤효

종로6가 횡단보도

원단두루마리를 가득 실은 오토바이들이

숨을 고르고 있었다.

신호총이 울렸다.

장애물을 요리조리 헤치며

동대문시장 안 저마다의 결승선을 향해

순식간에 사라졌다.

좀처럼 등위를 매길 수 없었다.

모두 1등이었다.

● ○ ●

한 해의 마지막 날 아침, 짧으면서도 강렬한 시 〈생업〉을 읽습니다. 생(生)은 윤효 시인의 문학적 화두 중 하나입니다. 생이란 '생명'과 '목숨'의 비밀을 여는 열쇳말이죠. 나무로 치자면 가장 큰 가지, 풀꽃으로 치면 가장 실한 줄기가 곧 생입니다.

갑골문에서 '생'은 땅 위로 새싹이 돋아나는 모습을 띠고 있습니다. 새싹이 돋아나는 것은 새로운 생명의 탄생을 의미하지요. 그래서 '날 생'이고, '낳을 산(産)'입니다. 이 글자는 '살 활(活)'과 '있을 존(存)'의 뜻까지 아우르지요.

생업은 목숨 걸고 집중하는 일

이 가운데 생업(生業)은 우리가 목숨을 영위하기 위해, 먹고살기 위해 집중하는 일입니다. 각자 맡은 일을 하는 직업(職業)과 다르죠. 윤효 시인은 분초를 다투며 원단을 실어 나르는 시장통 오토바이 짐꾼들을 보면서 〈생업〉이라는 시를 썼습니다.

이 시에는 "숨을 고르고" 잔뜩 긴장해 있다가 '땅' 하는 총소리를 듣자마자 튀어나가는 달리기 선수들의 속도가 응축돼 있습니다. "장애물을 요리조리 헤치며/ 동대문시장 안 저마다의 결승선을 향해/ 순식간에" 사라지는 이들의 삶에 어찌 등위를 매길 수 있겠습니까.

생업을 위한 일은 가장 절박하고, 숭고하면서 거룩한 일입니다. 그렇기에 모두가 1등인 것이지요. 자기 몸을 오토바이처럼 부릉부릉 달군 사람들의 생은 뜨겁습니다. 그 최선의 힘으로 일생을 완성하는 과정 또한 뜨겁지요.

윤효 시인은 어머니의 임종을 지켜보면서 '완생(完生)'이라는 단어를 떠올렸다고 합니다. 그의 어머니는 아흔 생애를 누리고 편안히 눈을 감으셨는데, 작지 않은 체구였지만 아주 가볍게 육신을 비우고 먼 길을 떠났습니다.

그는 "죽음이란 생명이 없어지는 현상이지만, 그 생애를 살아온 이가 가슴 가득 품었던 꿈과 그 꿈을 이루기 위해 겪어야 했던 눈물겨운 희로애락을 그냥 그렇게 무화시켜서는 안 되겠다는 생각이 들었다"고 말했습니다.

또 "마지막 호흡을 통해 자기 생애를 완성한다는 적극적 의미로서 '죽음'을 '완생'이란 말로 고쳐 부르면 자기 생의 꿈을 이루기 위해 저마다 더욱 애쓰게 되지 않을까 싶다"고 했습니다. 그 과정에서 탄생한 시 〈완생〉은 이렇습니다.

"그렇게 좋아하시던 홍시를 떠 넣어/ 드려도/ 게간장을 떠 넣어 드려도/ 가만히 고개 가로저으실 뿐,/ 그렇게 며칠,/ 또 며칠,// 어린아이 네댓이면 들 수 있을 만큼/ 비우고 비워내시더니/ 구십 생애를 비로소 내려놓으셨다."

어머니가 인생의 마지막을 정리하면서 오랜 생애를 완성하는 과정, 그런 어머니를 정갈하게 보듬어 안는 아들의 배웅 인사가 한 폭의 수묵담채화처럼 단아합니다.

오늘 보니 풀 죽을 일이 아니었다

그에게 '완생'의 의미는 새 생명의 탄생과도 맞닿아 있지요. 〈생명선〉이라는 시에 그 장면이 나옵니다.

"날이 풀리자 아파트 마당에 실금이 또 하나 늘었다/ 어제는 비까지 내려 더 아프게 드러났다/ 풀리지 않는 일 탓이겠으나 심란했다/ 손바닥에 자주 눈이 갔다/ 내내 뒤숭숭했다/ 그런데 오늘 보니 풀 죽을 일이 아니었다/ 실금을 따라 푸른 것들이 일제히 돋아나 있었다."

그의 문학적 관심은 '실금을 따라' 살아나는 '푸른 것들'처럼 살아 있는 생의 연장선상에 있습니다. 그 생명의 뿌리에서 나무와 풀과 꽃의 심성이 돋아나지요. 이는 세상을 대하는 시인의 문학적 자세이기도 합니다. 그가 제1회 풀꽃문학상 수상소감에서 밝힌 고백이 이를 대변하기도 합니다.

"푸른빛 풀꽃들이 일러주었습니다. 나대지 말 것, 치장하지 말 것, 단칸살림을 하되 단아와 절제를 잃지 말 것, 외롭고 쓸쓸한 자리가 가장 정결한 성소(聖所)임을 알 것, 다만 그 낮은 자리에서 조촐히, 다만 조촐히 나부낄 것……. 꾀죄죄하니 짧고 옹색한 제

시가 작디작은 풀꽃만큼의 울림을 지니고 있다면 그것은 순전히 그들 풀꽃에게서 배운 것이었음을 고백합니다."

시인의 화두는 이렇게 '생업'과 '완생', '생명선'의 순환 고리를 타고 오늘도 우리 곁에 부릉부릉 살아 있는 오토바이 소리로 다가옵니다. 올해도 "원단두루마리를 가득 실은 오토바이들"처럼 신호총 앞에서 숨을 고르고 기다려온 우리 모두가 1등이었습니다. 참으로 애 많이 쓰셨습니다. 다가올 날들에도 둥글고 환한 '생명선'처럼 빛나는 날들이 가득하시길 빕니다.

'열심히'도 능력이다

요즘 100세 시대라고는 하지만 인생의 주기가 너무나 빨라졌습니다. 급변하는 세상에 맞춰 살다 보면 20대 때도 선택과 집중의 중요성을 알았다면 얼마나 좋았을까 하는 생각이 듭니다.

여러분도 열심히 살고 계신가요? 우리는 '열심히 하면 안 되는 게 없다'라는 말을 많이 듣습니다. 그러나 열심히 하려면 인내가 필요한데 인내라는 것이 말처럼 쉬울까요? 인내하고 열심히 하는 것도 능력입니다. 아무나 할 수 있는 것이 아니죠. 그럼에도 원하는 삶을 살아가기 위해서는 인내가 반드시 필요합니다.

인내에는 '견디는 것'과 '계속하는 것'이 있습니다. 전자는 자신에게 가해지는 고통을 참고 견디는 것을 말하고, 후자는 지금 하고 있는 일을 방해하는 갖가지 장애에 굴복하지 않고 말 그대로 쉬지 않고 해나가는 것을 말합니다. 성공하기 위해서는 잘 견디는 것이 아니라 계속할 수 있는 것이 필요합니다. 원하는 삶을 살고 싶다면 계속하는 것을 잘할 수 있는 능력을 키워야 합니다.

업을 찾은 것은 행운

독일의 시인이자 철학자 프리드리히 니체(Friedrich Nietzsche)는 이렇게 말했습니다.

"왜 살아야 하는지 아는 사람은 그 어떤 상황도 견딜 수 있다."

이 말의 진짜 의미는 뭘까요? 우리는 모두 직업이 있습니다. 여기서 '직(職)'이란 명함이며, '업(業)'은 여러분이 이 세상에 온 이유이며 사명입니다. '업'을 찾은 것만으로도 인생의 행운이죠.

또 어떤 일을 좋아하는 것은 그만큼 그 일에 소질이 있다는 것입니다. 그렇지만 그 일에 소질이 있다고 다 성공하는 것은 아니지요. 얼마나 인내심을 가지고 노력하느냐에 성공 여부가 달려 있습니다. 인내심은 어떤 일이든지 조금씩 성취감을 맛보면서 단단해집니다. 결국 미래는 절대적인 신이나 운명에 의해 결정되는 것이 아니라 스스로 만드는 업에 의해 결정됩니다.

그런데 어리석은 사람들은 착각하기 쉽습니다. 모든 성공이 어느 날 갑자기 이루어지는 게 아닌데도 '인생은 한 방'이라는 잘못된 신념을 가진 사람들이 너무 많습니다. 주식이 올라 부자가 된 사람을 보면 어떻습니까? '나도 저렇게 해서 돈을 벌어볼까?' 하는 생각이 듭니다.

남의 성공을 평가할 때는 그 배경을 봐야 합니다. 아마 주식으로 큰돈을 벌었다면 그 사람은 주식 공부를 오래 해서 주식 시장의 원리와 동향을 꿰뚫은 사람일 것입니다. 운으로 부자가 된 사람들도 간혹 있겠지만, 운을 잡은 사람은 오랫동안 끊임없는 노력으로 성공의 정점 바로 목전에 와 있던 사람이라는 사실을 잊어서는 안 됩니다.

태도가 차이를 만든다

또 말없이 인내하며 부단히 노력한 사람이기도 합니다. 보이지 않는 곳에서 불철주야로 독하게 노력한 사람들이라는 점을 명심해야 합니다. 성공은 준비된 사람에게 찾아오는데, 우리는 이것을 행운이라고 부르죠. 우리의 과거는 미래를 볼 수 있는 거울이며 앞날을 비추는 등불입니다.

그러므로 나는 운이 없다고, 해도 안 된다고 생각하고 쉽게 포기하지 마십시오. 오히려 어려울 때일수록 자신의 실력을 키우는데 투자해야 합니다. 그래야 자기에게 기회가 왔을 때 역량을 마음껏 발휘할 수 있습니다. 실패했을 때 좌절하지 않고 다시 일어서겠다는 의지가 매우 중요합니다.

여러분이 어떤 일에 실패했을 때는 스스로 겸손함을 잊어버린 적은 없었는지 돌아보고 태도부터 다잡으시길 바랍니다.

"태도는 큰 차이를 만드는 작은 것이다."

영국 윈스턴 처칠(Winston Churchill) 수상은 늘 태도의 중요성을 강조했습니다. 알파벳 순서대로 번호를 매긴 숫자를 환산해 모두 더했을 때 100점이 나오는 영어 단어가 바로 태도를 뜻하는

'Attitude'라고 하지요. 태도는 100점짜리 인생을 만들 수 있을 만큼 매우 중요하다는 의미가 아닐까 싶습니다.

성공에 있어서는 능력과 태도의 함수 관계가 매우 중요합니다. 이 함수관계는 공교롭게 곱셈 법칙을 따릅니다. 제아무리 큰 숫자라고 해도 0을 곱하면 결과값이 0입니다. 이는 여러분의 능력이 출중하더라도 태도가 안 따르면 성공을 놓친다는 것을 의미합니다.

마지막으로 우리는 단순하게 사는 것을 배워야 합니다. 그래서 더 중요한 것에 집중하기 위해서는 덜 중요한 것을 포기할 줄 알아야 합니다. 단순함이 성공으로 발전하기 위해서는 끈기와 반복이 필수입니다. 한 분야에 전문가가 되기 위해서는 '1만 시간의 법칙'이 필요하다는 이야기를 들어보셨지요? 1만 시간의 법칙은 1993년 미국 콜로라도대학교 심리학자 안데르스 에릭슨(Anders Ericsson)이 발표한 논문에서 처음 등장한 것으로, 어떤 분야의 전문가가 되기 위해서는 최소한 1만 시간 정도의 훈련이 필요하다는 법칙입니다. 이처럼 도전을 포기하지 않으면 성공은 따라오게 되어 있습니다.

결정력

여관방 벽지에 쓴 인생시

죽편(竹篇) 1 _ 여행

서정춘

여기서부터, ─멀다

칸칸마다 밤이 깊은

푸른 기차를 타고

대꽃이 피는 마을까지

백 년이 걸린다

● ○ ●

인생을 대나무와 기차에 비유한 명시입니다. 서정춘 시인이 1980년대 후반, 허름한 여관방에서 누군가를 종일 기다리다 번개같이 떠오른 시구를 벽지에 휘갈겨 썼다고 합니다. 가객 장사익의 노래로도 유명하지요.

"혼자 여관방에서 '인생이란 대체 뭐길래 내가 여기까지 왔나, 왜 왔나, 여기서 얼마나 더 기다려야 하나……' 온갖 상념으로 7시간을 뒤척이는데 갑자기 '여기서부터, ―멀다'라는 시구가 번개같이 떠오르는 거예요. 종이가 없어 그걸 여관 벽지에다 썼제……."

이 시의 "칸칸마다 밤이 깊은/ 푸른 기차"는 끝없는 인생의 여정을 닮았습니다. 시인은 "여기서부터,"라고 쉼표를 찍어 반 박자 쉬 다음, 하이픈을 그어 또 호흡을 조절하면서 "대꽃이 피는 마을까지"가 얼마나 먼지를 절묘하게 표현했지요. 5행 37자 압축미의 극치입니다.

4년 동안 80번 이상 고치고 또 고친 시

원래 초고는 25행이 넘었다고 합니다. 여관방도 등장하고 몇 시간이나 사람을 기다리던 얘기도 들어 있고 이래저래 군더더기가 많았다는군요. 그는 이 시를 4년 동안 80번 이상 고치고 또 고쳤습니다. 그러면서 고향 순천에 많았던 대나무와 대나무 막대를 가랑이에 끼고 기차놀이 하던 기억, 거기에 대나무의 수직 이미지와 기차의 수평 이미지, 시간과 공간, 인생과 여행의 의미를 교직해냈지요.

그는 지금도 벽에 시 초고를 붙여놓고 들여다보는 게 버릇이라고 합니다. 그 옆엔 연필도 매달아놓고. 등단한 지 50년이 넘었지만 시집은 고작 다섯 권, 발표한 시는 160편 안팎입니다. 1년에 3~4편. 무수히 버리고 줄인 결과이지요.

첫 시집《죽편》은 등단 28년 만에 냈습니다. 동갑내기 고향 친구인 소설가 김승옥의 추천으로 동화출판공사에 들어가 꼬박 28년을 일하고 정년 퇴임할 때였죠. '극약같이 짧은' 시 35편만 묶었습니다. 그때까지 서랍 속에 모셔뒀던 70여 편 중 절반을 버렸지요.

1941년 전남 순천에서 마부의 아들로 태어난 그는 가난과 독학으로 시의 길을 헤쳐왔습니다. 신문을 배달하다 우연히 집어든 영랑과 소월의 시집을 밤새 필사했죠. 매산중고등학교 야간부 시절, 순천여자고등학교 앞 9평 7홉짜리 초가집에서 300편 이상의 시조를 겁 없이 써 제꼈습니다. 1968년 신아일보 신춘문예로 등단할 때까지 한시와 선시를 탐독하며 앞선 이들을 스승으로 삼았지요.

헌정시를 가장 많이 받은 생존 시인

2017년에 펴낸《이슬에 사무치다》는 손으로 직접 만든 수제 시집입니다. 가내수공 출판전문가가 광목천으로 배접하고 바느질로 마무리하면서 하루 15권씩, 두 달 이상 작업해 1,000권을 완성했죠.

표제작 〈이슬에 사무치다〉 역시 수없이 고친 작품입니다. 제목도 '초로(初露)'에서 '이슬보기'로, '이슬에 사무치다'로 바꿨죠. 월트 휘트먼(Walt Whitman)이 단 한 권의 시집 《풀잎》을 평생 고쳐 쓴 것과 같습니다.

그러나 그는 필요한 자리에서는 즉흥시도 곧잘 씁니다. 농부 시인 류기봉의 포도밭 축제 때에는 반주 한잔 후 흰 천에 〈즉흥, 포도밭〉이라는 시를 순식간에 썼죠.

"포도밭 주인아/ 포도나무 앞에서/ 이응(ㅇ)/ 이응(ㅇ)/ 열 번 백 번을/ 받읔히어리/ 열 번에 포도송이/ 응(ㅇ), 응(ㅇ), 하면서/ 천 송알 만 송알이/ 맺히리/ 포도밭 주인아."

이런 시인 곁에서는 포도밭도, 햇빛도, 새도 모두 시가 됩니다.

그는 시인들의 헌정시를 가장 많이 받은 생존 시인이기도 합니다. 그를 주인공으로 삼은 시가 40편이 넘습니다. 선배로는 1960년 등단한 고 정진규 시인부터 후배로는 2000년 등단한 장이지 시인까지 연령대도 다양했지요. 등단 50주년인 2018년에는 이런 시들을 모은 《서정춘이라는 시인》이 출간됐습니다.

지금도 그를 좋아하는 시인들이 늘어나고 있지요. 타고난 서정성과 짧은 문장, 함부로 언어를 남발하지 않는 과작의 덕목이 그를 '시인들에게 가장 사랑받는 시인'으로 만든 원동력이 아닌가 싶습니다.

리더의 결정

우리 인생의 여정은 골프와 비슷합니다. 인생에서 첫 단추를 잘 끼워야 하듯이 골프에서는 첫 티샷이 매우 중요하죠. 또 얼마나 좋은 결정을 많이 하느냐에 따라서 인생의 품격이 달라지지 않습니까? 골프도 마찬가지입니다. 마지막 홀에 가까이 갈수록 샷을 어떻게 칠지, 선택과 결정을 잘해야 합니다. 누구나 마지막 홀을 마칠 때쯤 되면 공을 홀에 넣는 퍼트, 특히 짧은 퍼트가 매우 중요하다는 것을 깨닫는 게 바로 골프죠.

인생살이 길을 가다 보면 오르막길과 내리막길이 수없이 교차합니다. 상황에 맞게 유연하게 대처하면서 그 상황에서 할 수 있는 최선으로, 변화무쌍한 걸림돌을 하나씩 극복해가는 과정이 바로 인생입니다.

승부사의 과감한 도전

서양에서는 '전쟁에 나가면 한 번 기도하고 바다에 나가게 되면 두 번 기도하라'고 합니다. 그들은 바다가 전쟁보다 더 위험하다고 생각했습니다. 맞는 말입니다. 거친 바다에서 살아남으려면 남다른 판단력이 필요하니까요. 바다에서 거친 파도와 폭풍우에 제때 대응하지 못하면 배는 부서지고 목숨을 잃습니다.

한국 원양 산업의 대부인 김재철 동원그룹 창업자는 리더의 판단과 선택이 얼마나 중요한지를 보여주는 산증인입니다. 동원산업이 설립된 1960년대 말 한국의 경제는 제1·2차 경제개발계획을 통해 공업화가 추진되고 자립 경제의 기반을 다졌습니다. 이 기간 한국 경제는 눈부신 경제 성장률을 보였고 수산업 부문에 대규모 예산이 투입되면서 근대화가 이루어지기 시작했죠.

김재철 회장은 1969년 원양어선에 승선하며 모은 돈 1,000만 원을 종잣돈으로 직원 세 명과 동원산업을 창업했는데, 이는 대한민국 최초의 벤처 기업이라 할 수 있습니다. 그야말로 시대를 앞서간 선택입니다. 그는 또 위기를 기회로 보고 과감하게 투자함으로써 승부사로서의 대범한 기질을 보여줬습니다.

일례로 1970년대 1·2차의 석유 파동을 겪으면서도 동산호 건조, 마필호 도입과 같은 과감한 투자를 통해 정면 돌파를 선택했습니다. 1999년 IMF 외환 위기 때도 마찬가지였죠. 외환 위기 이후 사업을 다각화하기 위해 광통신 전문 회사인 성미전자, 지금의 동원시스템즈를 인수했습니다. 저는 짧게나마 연구소장으로 근무하며 김재철 회장의 선택을 지켜봤습니다.

저는 이때 연구소장으로 부임해 광통신 장비 연구 개발을 진

두지휘했습니다. 취임사로 했던 말이 아직도 기억납니다.

"저는 회장님의 경영 방침에 따라 성미전자가 국내 정보통신 사업 분야에서 일류가 되도록 하겠습니다. 더 나아가 국제 무대에서 활약하는 회사가 되도록 견인차 역할을 할 것입니다."

김재철 회장은 선택과 집중의 중요성을 역설하며 '20퍼센트의 품목이 80퍼센트의 매출을 차지한다'고 강조했습니다.

바람과 파도는 유능한 뱃사람의 편

그의 이러한 결정력은 어디서 비롯되었던 걸까요?

지금도 선명하게 떠오르는 장면이 있는데 회장님의 사무실에는 세계 지도를 거꾸로 그려놓은 지도가 걸려 있었습니다. 세계 지도를 거꾸로 놓고 보면 한반도는 더 이상 대륙 끝에 매달린 작은 반도가 아닙니다. 태평양으로 향하는 천혜의 부두이자 동북아의 전략적 관문에 해당하는 요충지입니다. 그게 바로 그의 세계관입니다. 남들과는 다른 눈으로 세상을 바라보기 때문에 남다른 선택을 과감하게 밀어붙일 수 있는 겁니다.

최근 김재철 회장은 카이스트에서 AI 명예박사 학위도 받았습니다.

"과거가 대양을 개척하는 대항해 시대였다면 오늘날은 데이터의 바다를 개척하는 AI의 대항해 시대입니다."

시대를 내다보고 카이스트에 500억 원을 기부하며 AI 분야 인재 양성에 써 달라고 당부했습니다. 대한민국이 4차 산업혁명 시대에 급격하게 변하는 물살에서 살아남으려면 AI 혁명에 앞장서야 한다고 판단한 것입니다.

《로마제국의 흥망사》를 쓴 영국의 역사가 에드워드 기번(Edward Gibbon)은 "바람과 파도는 언제나 유능한 뱃사람의 편"이라고 했습니다. 유능한 뱃사람은 오늘날에 대입하면 리더일 것입니다. 그러나 제아무리 뛰어난 리더도 한 톨의 후회도 없는 삶을 살 수 없습니다. 다만 그들은 '남들처럼'이 아니라 '나대로', '나다운' 선택을 내리기 때문에 거센 바람과 파도에 맞설 수 있습니다.

지금껏 남들처럼 안전한 선택만 하고 살았다면 이제부터라도 당당하게 어깨를 펴보십시오. 지금까지와 다른 선택이 처음부터 성공적이지 못할 수도 있습니다. 그러나 그 한 번의 선택이 당신을 리더답게 빛내줄 겁니다. 그렇게 리더다운 선택이 쌓이고 쌓여야 합니다. 그런 다음에 비로소 독보적인 리더의 서사가 탄생할 것입니다.

속도

내 인생의 주행거리는 얼마나 될까

인생
_____

유자효

늦가을 청량리

할머니 둘

버스를 기다리며 속삭인다

"꼭 신설동에서 청량리 온 것만 하지?"

● ○ ●

신설동에서 청량리까지는 시내버스로 네 정거장, 약 15분 거리입
니다. 지하철로는 2구간 4분, 택시를 타면 기본요금 거리죠. 걸어
가도 30분이면 됩니다. 이 짧은 거리가 두 할머니에게는 여태까
지 걸어온 인생의 주행거리입니다.

이 시는 속도와 시간, 거리와 공간의 의미를 사람의 일생으로 응축해 보여줍니다. 이런 장면을 포착해서 순간 스케치처럼 보여주는 것은 아무나 할 수 있는 게 아니지요. 시인이 보여주는 풍경의 한편에는 '느린 속도'와 '멈춘 걸음'과 '생의 비의'가 함께 있습니다.

속도를 늦추자 세상이 넓어졌다

그 속에서 깊은 성찰의 꽃이 피어납니다. 유자효 시인은 평생 시인과 방송기자라는 두 길을 바쁘게 걸어왔습니다. 부산고등학교 문예반 시절 진해군항제 백일장 등의 장원을 휩쓸고, 대학 시절 가정교사로 바쁜 중에도 스물한 살 때 신춘문예로 등단했습니다. 그 뒤로는 기자가 되어 KBS 파리 특파원과 SBS 정치부장, 보도제작국장, 논설위원실장 등으로 종횡무진했죠.

은퇴 후 '어릴 때부터 걷고 싶었던 시인과 기자의 두 길'을 '한 길'에서 만나게 되면서 그는 더 내밀한 세상의 풍경을 들여다보기 시작했습니다.

그의 시 〈속도〉를 한번 볼까요.

"속도를 늦추었다/ 세상이 넓어졌다// 속도를 더 늦추었다/ 세상이 더 넓어졌다// 아예 서버렸다/ 세상이 환해졌다."

이 시처럼 삶의 속도를 늦추면 세상이 넓어 보입니다. 속도를 더 늦추면 세상이 더 넓어지고, 아예 멈춰 서버리면 세상이 모두

환해집니다. 그제야 잊고 있던 것들이 하나씩 보이기 시작하지요. 그동안 무심히 지나쳤던 것 중에서 소중하고도 살가운 것들이 얼마나 많았던가요. 사람과의 관계도 그렇지 않을까 싶습니다.

그는 2020년 봄 중앙일보 칼럼에 이렇게 썼습니다.

"코로나 바이러스에게 빼앗긴 들에도 봄은 왔습니다. 아내와 함께 찾아본 집 근처 산에는 꽃들이 지천으로 피어납니다. (…) 그러고 보니 참 오랜만의 데이트였습니다. 연애 시절에는 그리움에 안달복달했었건만, 결혼 이후 아내와의 대화는 생활적인 것에 그치고 말았습니다. 그것을 무려 반세기 만에 찾게 해준 것이 이 듣도 보도 못했던, 눈에 보이지도 않는 바이러스였습니다."

멈춤의 일상을 보내며

환하게 피어나는 봄을 만나기 위해 우리 또한 '멈춤의 시대'에 살고 있습니다. '눈에 보이지도 않는 바이러스' 때문에 모든 속도가 늦어지고, 모든 일상이 단절됐지요. 고요 속의 단절과 격리는 뜻밖에도 우리 속의 '숨은 눈'을 뜨게 해줬습니다. 비로소 보이는 세상의 이면과 틈새, 그 사이로 넓어지는 삶의 지평, 그 위에 피어나는 새로운 발견의 꽃잎…….

이런 눈을 가진 사람에게는 가족과 사랑의 의미도 특별해 보이겠지요. 〈아침 식사〉라는 시에서 그는 "아들과 함께 밥을 먹다가/ 송곳니로 무 조각을 씹고 있는데/ 사각사각사각사각/ 아버지의 음식 씹는 소리가 들린다/ 아 그때 아버지도 어금니를 뽑으셨구나// 씹어야 하는 슬픔/ 더 잘 씹어야 하는 아픔"이라고 썼습니다. 작은 식탁 위에 3대의 인생이 겹쳐지는군요. 짠한 마음이 들다가도 이내 마음이 환해집니다. 사랑이란 이런 것이지요.

그는 그사이에 사람과 사람 사이의 '아름다운 간격'까지 준비해두었습니다. 그 간격과 거리는 곧 무한천공의 우주로 펼쳐집니다. 이럴 때 그는 '그리움'이라는 배를 타고 유영하는 우주항해사 같기도 합니다.

"그를 향해 도는 별을/ 태양은 버리지 않고// 그 별을 향해 도는/ 작은 별도 버리지 않는// 그만 한 거리 있어야/ 끝이 없는 그리움." (시 〈거리〉 전문)

이 모든 게 속도를 늦춰야 보이는 것들이지요. 저도 오늘부터 생의 보폭을 줄여보려 합니다. 더 천천히, 더 느리게, 마침내 한 지점에 멈춰 서서 환하게 피어나는 세상의 봄을 만나기 위해서 말이지요.

느림의 미학

우리는 초연결 디지털 시대, 즉 속도의 시대에 살고 있습니다. 속도는 우리 삶을 다양하게 만들고 선택의 기회를 넓혔습니다. 동시에 우리의 관심을 빼앗고 정신을 무너뜨리기도 하죠. 속도를 쫓다 보면 정작 놓칠 수 있는 것들이 종종 있으니까요. 가수 밥 딜런(Bob Dylan)은 "모든 가치 있는 일은 오랜 시간을 필요로 한다"라고 했습니다. 중요하고 큰일일수록 천천히, 충분히 시간과 노력을 기울여 정성을 쏟아야 한다는 말입니다.

프랑스 동남부에 오트리브라는 시골 마을이 있습니다. 이곳에는 '꿈의 궁전'이라는 건축물이 있어 매년 10만 명 이상 관광객이 찾아옵니다. 이 궁전을 만든 사람은 마을의 우편배달부였던 페르디낭 슈발(Ferdinand Cheval)입니다.

그는 마흔세 살 때인 1879년에 우편배달 일을 하던 중에 독특한 모양의 돌멩이를 하나 주워 집으로 왔습니다. 그 후 33년, 1만 일, 9만 3,000시간을 들여서 꿈의 궁전을 혼자서 지었습니다. 매일 독특하게 생긴 돌멩이, 자갈, 조개 등을 주어다가 가로 30미터,

세로 15미터, 높이 13미터짜리 건물을 지은 거죠. 건물에 장식된 동식물들은 슈발이 우편배달을 하면서 매일 꿈꿔왔던 것들이라 합니다.

돌멩이 하나를 궁전으로

그는 궁전을 완성하고 88세 나이로 죽기까지 10년을 더 일했습니다. 꿈의 궁전은 파블로 피카소(Pablo Picasso), 앙드레 브로통(Andre Breton), 도로시아 태닝(Dorothea Tanning) 등 많은 예술가에게 영감을 주었습니다. 이 아름다운 궁전으로 인해 벽지 마을인 오트리브에는 주민이 2,000여 명밖에 되지 않지만 세계적인 관광 명소로 거듭났습니다.

우리는 결과보다 속도를 더 중요시할 때가 있습니다. 대표적으로 '이 나이에 배워서 무슨 소용이 있느냐'는 말을 많이 합니다. 하지만 인생이 얼마나 남았는지는 아무도 모르는 일이죠. 그래서 마하트마 간디(Mahatma Gandhi)는 이렇게 말했습니다.

"내일 죽을 것처럼 살고, 영원히 살 것처럼 배워라."

내일 죽을 것처럼 살라는 말은 치열하게 살라는 것이고, 영원히 살 것처럼 배우라는 말은 나이를 핑계로 배움을 포기하지 말라는 뜻입니다. 내일 죽을 것처럼 살고, 영원히 살 것처럼 배운다면 후회하는 삶이 아니라 보람된 삶을 살 수 있습니다. 조금 느리더라도 확실한 보상이 따르는 삶이죠.

느림은 아름답습니다. 느긋하고 신중하게 가치 있는 일에 시간을 축적하는 사람은 많은 사람으로부터 숭고한 감동과 경이로운 찬사를 받습니다. 종교는 저마다 교리가 다 다르지만 인류의 행복과 평안을 추구한다는 공통점이 있습니다. 신을 통해서든 부처를 통해서든 인간 사회가 좋은 사회가 되길 지향합니다.

저는 느림의 미학으로 마음과 몸과 영혼이 청정한 삼청(三清), 탐냄과 성냄과 어리석음이 없는 삼무(三無)에 기반한 잡념을 떠난 오직 하나의 대상에만 정신을 집중하는 삼매(三昧)를 통해 느림의 아름다움을 추구하고 있습니다.

느림은 후회 없는 지름길

옛날에 어떤 조급한 부자가 있었다고 합니다. 그는 부유한 친구 집에 놀러 갔다가 화려한 3층 누각을 보고 탐이 났습니다. 그는 자신의 재력도 친구 못지않으니 누각을 지어야겠다고 마음먹고 목수들을 불러 공사를 시작했습니다. 그런데 목수들이 와서는 누각을 짓지 않고 땅을 파고 주춧돌을 놓았습니다. 조급한 부자는 목수들에게 따졌습니다.

"왜 3층을 짓지 않고 땅이나 파고 주춧돌을 놓는가?"

"3층을 지으려면 1층, 2층을 짓고 그다음에 3층을 지어야 하기 때문입니다."

조급한 부자는 목수들의 설명을 듣고 이렇게 화를 냈습니다.

"나는 1층이나 2층은 필요 없다. 나는 오직 3층만 필요하니 3층만 지어라!"

그러자 목수들은 그런 누각을 지을 수 없다며 짐을 싸서 가버렸습니다.

이 말은 우리가 무엇을 할 때 느리더라도 순서에 맞게 일을 하고 과정을 잘 거쳐야 한다는 것을 일깨워줍니다. 그러나 우리는 너무 성과에만 골똘해서 과정을 무시하는 경향이 있습니다. 이렇게 해서는 아무것도 이룰 수 없습니다. 옛말에 '아무리 바빠도 바늘허리에 실을 매어 쓸 수는 없다'고 했습니다. 한번 천천히 되새겨볼 말입니다.

요즘 예순이 넘었을 뿐인데 공부를 제쳐놓고 일도 하지 않고 그럭저럭 살다 죽을 날만 기다리는 사람이 많습니다. 나이는 숫자에 불과합니다. 지금부터라도 어릴 적 꿈이 있다면 늦었다고 생각하지 말고 하루에 한 가지씩이라도 보람된 일이나 배움을 시작해보십시오. 느림의 미학을 실천해야 합니다. 이것이야말로 후회 없는 인생을 가꾸어가는 지름길이니까요.

희망

추석날 '깻잎 돈다발'을 묶으면서

들깻잎을 묶으며

유홍준

추석날 오후, 어머니의 밭에서

동생네 식구들이랑 어울려 깻잎을 딴다

이것이 돈이라면 좋겠제 아우야

다발 또 다발 시퍼런 깻잎 묶으며 쓴웃음 날려보낸다

오늘은 철없는 어린것들이 밭고랑을 뛰어다니며

들깨 가지를 분질러도 야단치지 않으리라

가난에 찌들어 한숨깨나 짓던 아내도

바구니 가득 차오르는 깻이파리처럼 부풀고

맞다 맞어, 무슨 할 말 그리 많은지

소쿠리처럼 찌그러진 입술로

아랫고랑 동서를 향해 연거푸 함박웃음을 날린다

어렵다 어려워 말 안 해도 빤한 너희네 생활,

저금통 같은 항아리에 이 깻잎을 담가

겨울이 오면 아우야

흰 쌀밥 위에 시퍼런 지폐를 척척 얹어 먹자 우리

들깨 냄새 짙은 어머니의 밭 위에 흰 구름 몇 덩이 지나가는 추석날

동생네 식구들이랑 어울려 푸른 지폐를 따고 돈다발을 묶어보는

아아, 모처럼의 기쁨!

● ○ ●

한가위는 오곡이 무르익는 계절의 큰(한) 가운데(가위)에 있는 만월(滿月) 명절이지요. 그러나 코로나로 맞는 한가위는 이지러진 달처럼 한쪽이 텅 빈 '반가위'입니다. 다들 코로나에 마음 졸이고, 생활고에 가슴 저리니 추석 느낌이 예년 같지 않았을 것입니다.

　직장인 열에 일곱 명이 고향에 가지 못하는 상황이라 '비대면 명절'의 달빛은 그래서 처연하고, 그 아래 수많은 사연들이 아프게 지나갑니다. 우리 모두에게 위로가 필요한 시기입니다. 유홍준 시인의 시 〈들깻잎을 묶으며〉로 마음을 달래며 상상으로나마 특별한 한가위를 꿈꿔보면 어떨까요.

"이것이 돈이라면 좋겠제 아우야"

시인은 추석날 오후 동생네 식구들과 함께 깻잎을 따면서 "이것이 돈이라면 좋겠제 아우야"라고 농을 건넵니다. 시퍼런 깻잎이 돈이 되고, 푸른 지폐다발이 되는 꿈은 생각만으로도 흐뭇하지요. "저금통 같은 항아리에 이 깻잎을 담가" 겨우내 "흰 쌀밥 위에 시퍼런 지폐를 척척 얹어" 먹는 장면만 떠올려도 군침이 돕니다.

그곳이 "어머니의 밭"이어서, "들깨 냄새 짙은 어머니의 밭"이어서 더욱 푸근하지요. "흰 구름 몇 덩이 지나가는" 하늘 아래 "아랫고랑 동서를 향해 연거푸 함박웃음을" 날리는 아내도 오늘만큼은 찌든 가난을 잊고 일상의 근심을 날려버립니다.

시인이 그동안 걸어온 길에는 "어렵다 어려워 말 안 해도 빤한" 고통과 질곡의 옹이가 새겨져 있습니다. 경남 산청 출신인 그는 아버지가 몸져눕는 바람에 가난하게 자랐지요. 고등학교를 졸업하자마자 부산으로 가 군대 가기 전까지 한복집에서 '시다'로 일했습니다.

시다·밀링·산판꾼의 눈물겨운 꿈

제대 후 서울에서 고추 장사를 하다가 부산으로 돌아와서는 쇠 깎는 밀링 일을 했죠. 이후 대구에서 채소 행상을 했고, 경북 영양으로 옮겨 마른 고추 포대 꾸리기와 소금 포대 옮기기, 시멘트 하차하기, 제방 쌓기 등 숱한 품팔이를 했습니다.

그가 가장 오래 머문 곳은 산판이었죠. 통나무를 메고 산비탈을 내려와 트럭에 싣는 일은 노동 강도가 세기로 유명합니다. 57 킬로그램밖에 안 나가는 몸무게로 100킬로그램이 넘는 나무를 날라야 했으니 오죽했을까요. 나무를 멘 어깨가 파이고 파여 달걀 하나가 들어갈 만큼 움푹해야 진정한 산판꾼이라는 말이 있을 정도입니다.

　　그런 생활을 지탱하게 해준 것은 문학의 힘이었습니다. 아버지가 돌아가신 뒤 진주의 한 제지공장에 들어간 그는 어느 날 구내식당에서 공단문학상 공모 포스터를 보고 용기를 내 응모했지요. 그런데 뜻밖에도 소설 부문 대상을 받았습니다. 그게 더 큰 용기를 북돋워줬지요. 이듬해에는 진주 개천예술제 백일장에서 시 부문 장원에 올랐습니다.

"아아, 모처럼의 기쁨!"을
이후 그는 정신병원의 보호사 일을 하면서 '쎄가 빠지게' 문학 공부를 했습니다. 7년 동안 쓴 시가 1,000편이 넘었지요. 1998년 〈시와 반시〉로 등단하고 2004년 첫 시집 《상가에 모인 구두들》을 냈는데, 문단에서 "특출한 물건이 하나 나왔다"는 극찬이 쏟아졌습니다.

　　"시적 대상의 선정이나 그 대상으로부터 촉발된 상상력의 자연스러움을 보면, 우선 그는 타고난 시적 재능 혹은 시적 감수성을 지닌 시인인 것 같다. 유홍준 시인의 어느 시편에서도 작위적 조탁이나 장인적 기교 같은 것들의 흔적을 찾아볼 수 없다. 그럼에도 불구하고 어느 한 곳 표현이 거칠지 않고 작품의 완결성에 흠가지 않은 것이 놀라울 따름이다."(오세영 시인)

이렇게 오랜 단련 과정과 독특한 시적 감수성 덕분에 그는 한가위를 맞는 우리 마음을 환하게 밝혀주는 시를 쓸 수 있었습니다. 어느 해 추석날 들깨밭에서 그가 발견한 "푸른 지폐를 따고 돈다발을 묶어보는/ 아아, 모처럼의 기쁨!"을 우리도 함께 누리면서 식구들과 "바구니 가득 차오르는 깻이파리처럼" 부푼 꿈을 펼쳐보면 어떨까 싶습니다.

희망을 키우는 법

제가 어렸을 때 어렵게 주경야독했던 경험 때문일까요? 요즘 도 서관을 건립하거나 도서관 건축 기금을 모으는 경우를 유심히 보게 됩니다. 도서관 건립 하면 미국의 철강 왕 앤드루 카네기 (Andrew Carnegie) 회장이 떠오릅니다.

그는 1835년 스코틀랜드에서 수직공의 아들로 태어나서 1848 년 13세 되던 해, 미국 펜실베이니아 피츠버그로 가족과 함께 이 주했습니다. 어려서부터 방적공, 전신 기사, 전보 배달원, 기관사 조수 등 여러 직업에 종사했고 정규 교육은 거의 받지 못했다고 해서 많은 사람을 놀라게 했습니다.

올챙이적 시절을 잊어버리는 이들과 다르게 카네기는 가난을 결코 잊지 않았습니다. 그는 교육이 반드시 필요한 청소년기에 4년 이상 제대로 된 교육을 받지 못한다는 것이 무엇을 의미하는 지도 잘 알고 있었습니다. 그렇기 때문에 다른 사람들에 비해 부 족한 것을 따라잡기 위해서는 평생 숨 돌릴 틈 없이 뛰어야 한다 고 믿었습니다.

그런 카네기의 단면을 보여주는 일화가 있습니다. 직원 채용 면접에서 면접 지원자들에게 질문을 던집니다.

"포장된 상자의 끈을 풀어보시오."

그러면 지원자들은 당황하다가 대부분 면접관 앞에서 매듭 하나하나를 정성껏 풀곤 합니다. 그러나 카네기는 포장된 끈을 차근차근 꼼꼼하게 푼 사람들은 불합격시켰습니다. 대신 고정 관념을 깨고 생각을 바꿔서 칼로 단번에 풀어버린 사람을 합격시켰습니다. 카네기는 채용 시험에 응시한 사람들의 지식보다는 지혜, 즉 사고의 유연성을 본 것입니다.

카네기는 사업가로 성공한 후 전국에 도서관을 지어야겠다는 꿈을 실행했습니다. 그는 어린 시절 늘 배움에 목이 말랐지만 책을 살 돈이 없었습니다. 그때 앤더슨이라는 상인이 자기 책 400여 권을 모아 일하는 소년들을 위한 도서관을 지었습니다.

스스로 돕는 자를 돕는 도서관

카네기는 여기서 빌린 책으로 밤새워 공부했습니다. 결국 그는 제철소가 아니라 도서관을 남겼다고 할 정도로 수많은 도서관을 지었습니다. 66세 때 '철강 제국'을 팔고 처음에는 뉴욕공공도서관 설립에 520만 달러를 기부했고 이후 2,500만 달러를 들여서 미국 전역에 도서관 2,509개를 지었습니다. 어떻게 그렇게 많은 도서관을 지었느냐는 질문에 그는 이렇게 답했습니다.

"앤더슨은 그 작은 도서관을 통해 지식의 빛이 흐르는 창을 열어줬습니다. 도서관은 스스로 돕는 자를 돕고, 큰 뜻을 품은 자에게 보물을 안겨줍니다."

대한민국에도 카네기처럼 희망을 기부하는 이들이 있습니다. 2021년 8월 김병주 MBK파트너스 회장이 서울시립도서관 건립을 위해 사재 300억 원을 기부했습니다. 오는 2025년 서울 서대문구에 전액 개인 기부금으로 지어지는 첫 번째 서울시립도서관이 건립됩니다.

김병주 회장은 2019년 서울시의 도서관 건립 계획을 보고 기부를 결심했습니다. 그가 어린 시절 미국으로 이민을 갔을 때 도서관에서 책을 보며 언어와 문화를 익혔던 기억이 있기 때문입니다. 양질의 책을 보유한 도서관에서 수많은 아이가 꿈을 키우기를 바란 겁니다. 이뿐만 아니라 김 회장은 장학 재단을 설립하고 어려운 생활 환경에서도 우수한 성적과 미래의 잠재력을 가진 학생을 매년 선발합니다. 대학 4년 학자금 전액을 장학금으로 지원하고 있습니다.

"시민 누구나 즐겁게 책을 읽고, 꿈과 희망을 펼칠 수 있는 공간으로 완성되기를 희망합니다."

그는 12세에 미국으로 이민을 떠나 동네 도서관에서 영어와 미국 문화를 배웠습니다. 그런 그가 성공해 모국에도 도서관을 세우고 희망을 나누는 꿈을 46년 만에 이룬 것입니다.

"지금의 나를 있게 한 것은 동네 도서관이었다."

전 세계에서 가장 부유한 사업가 빌 게이츠가 남긴 말입니다. 나 하나의 성공에 만족하지 않고 다음 세대를 위해 사과나무를 심는 이들, 그들의 마음은 세상에 귀감이 될 만한 소중한 희망입니다.

─ 3부 ─

詩

리더의 시

리더의 격

格

'시'에서
발견한
삶의 지혜

+

'경영'에서
깨달은
일의 품격

성찰

싸우지 않고 이기는 목계의 비밀

춘주(春畫)

한용운

따슨 빛 등에 지고
유마경 읽노라니

가볍게 나는 꽃이
글자를 가린다

구태여 꽃 밑 글자를
읽어 무삼하리요

● ○ ●

마음을 다스리는 힘은 어디에서 나오는 걸까요. 만해 한용운은 꽃과 글자로 그 비밀을 이야기합니다. 따뜻한 봄날의 여운을 만 끽하며 책을 읽는 중에 꽃잎이 날아와 글자를 가리지만 굳이 꽃 잎을 치우지 않는 마음! 그 여백과 직관의 순간에 유마경의 깨달 음이 완성되지요.

이 시 〈춘주〉가 말하는 것처럼 진리는 간명합니다. 여백의 사 고와 직관의 힘은 그것을 부릴 줄 아는 사람에게 더 큰 선물을 가 져다줍니다. 창의적인 사고도 여백의 지혜에서 나오지요. 부드러 운 카리스마 또한 그렇습니다.

이병철 회장이 '나무 닭'을 늘 곁에 둔 까닭

이병철 삼성 창업주는 응접실에 목계(나무로 깎아 만든 닭) 그림을 걸어놓고 마음을 다스렸습니다. 목계는 《장자》의 '달생편'에 나오 는 이야기로 유명하지요.

투계(鬪鷄, 닭싸움)를 좋아하는 왕이 어느 날 기성자라는 조련사 에게 최고의 싸움닭을 만들어 달라고 했습니다. 열흘 후 왕이 물 었지요.

"닭이 이제 싸울 수 있겠는가?"

기성자가 아뢰었습니다.

"아직 안 됩니다. 강하긴 하지만 교만합니다. 허세를 부리면서 제 힘만 믿습니다."

다시 열흘이 지나서 물었습니다.

"안 됩니다. 교만함은 줄었지만 너무 조급해서 진중함이 없습니다. 다른 닭을 보거나 울음소리만 들어도 당장 덤벼들 것처럼 합니다."

열흘이 지나 재차 물었습니다.

"아직도 안 됩니다. 눈초리가 너무 공격적이어서 최고의 투계는 아닙니다."

또 열흘이 지나 40일째 되는 날 왕이 묻자 기성자는 마침내 대답했습니다.

"이제 된 것 같습니다. 다른 닭이 소리를 질러대고 도전해도 움직이지 않아 마치 나무로 만든 닭 같습니다. 싸움닭으로서의 덕이 갖춰졌습니다. 그 모습을 보면 어떤 닭도 감히 덤비지 못하고 도망칠 것입니다."

어느 분야에서든 경지에 이른 사람은 자신의 힘을 뽐내지 않습니다. 아무리 약한 적이라도 함부로 대하지 않지요. 스스로 여백의 힘을 갖추고 있기 때문입니다. 상대가 싸움을 걸어와도 목계처럼 초연한 마음으로 평정심을 유지합니다.

'목계 정신'으로 내면의 힘을 길러야

이병철 회장은 아들 이건희 삼성전자 회장이 그룹 부회장으로 승진한 1979년, 아들을 집무실로 불러 목계 그림을 선물했습니다. 목계처럼 흔들림 없는 평정심을 지녀야 진정한 승자가 될 수 있다는 의미였지요.

그러면서 붓으로 '경청(傾聽)'이라는 휘호를 써주었습니다. 언제나 상대의 말을 깊이 있게 잘 들으라는 뜻이지요. 이건희 회장은 말이 어눌했습니다. 경영자로서는 단점일 수도 있지요. 하지만 그는 부친이 물려준 '목계의 가르침' 덕분에 단점을 장점으로 바꿀 수 있었습니다.

말이 느리다고 생각의 속도까지 느린 것은 아닙니다. 오히려 말이 많은 사람보다 유리합니다. 내면의 소리에 귀를 기울이는 데에도 유리하지요. 아랫사람을 대할 때 또한 마찬가지입니다. 그 속에서 부드러운 카리스마가 완성됩니다.

이병철과 이건희 부자는 목계처럼 자신의 마음과 조직을 다스린 덕분에 삼성을 세계 일류 기업으로 키웠습니다. 한용운의 시처럼 글자에 함몰되지 않고 그 이면에 담긴 세상의 근본 이치를 꿰뚫은 덕이지요.

정보의 홍수 속에서 텍스트나 데이터에 휘둘리기 쉬운 요즘, '목계 정신'으로 내면의 힘을 기르는 지혜가 그 어느 때보다 필요한 게 아닌가 싶습니다.

지금 이 순간에 집중하라

연말에 한 해를 돌아보면 어떤 생각이 듭니까? 아무것도 한 것이 없는 것 같고 시간이 너무 빨리 지나가서 후회되지 않으시나요? 그런 분에게는 히말라야에 사는 한고조라는 새 이야기를 들려드리고 싶습니다.

밤낮의 기온 차가 심한 히말라야에 사는 한고조라는 새가 있습니다. 밤이 되어 추워지니까 암컷 새가 춥다고 했고 수컷 새는 내일 날이 밝으면 집을 지어주겠다고 했죠. 그러나 아침이 되어 따듯해지면 집을 지어야 한다는 것을 잊게 됩니다. 그렇게 하루 이틀, 일 년 이 년을 그냥 지냈죠. 이들은 결국 집을 짓지 못했습니다.

우리 모습이 이와 비슷하지 않은가요? 이를 일컫는 말이 있는데 바로 무명(無明)이라 합니다. 무명이란 빛이 없는 것이 아니라 빛이 가려진 세계입니다. 그 빛을 가리는 것은 욕심, 번뇌, 망상, 어리석음입니다. 빛을 가리는 생각이 아니면 얼마든지 해낼 수 있었을 일을 하지 못하는 것이죠.

무명을 어떻게 해야 이겨낼 수 있을까요? 개인적인 것보다 타인에게 베풂으로써 해결할 수 있습니다. 만약에 '돈을 많이 벌고 싶다'라고 하면 욕심이지만, 내가 '돈을 많이 벌어서 많이 베풀고 성실히 살겠다'라고 하면 욕심이 아닙니다.

물론 누구에게나 욕심은 있습니다. 적당한 욕심은 목표를 성취하는 데 도움이 되기도 합니다. 그러나 지나친 욕심이 빛을 가리면 판단력이 흐려지고, 한고조처럼 반드시 해야 할 일을 미루거나 회피하다가 시간만 낭비할 수 있습니다.

따라서 인간이라면 누구나 가지는 욕심을 생각의 전환을 통해 조금 다른 방향으로 이용해보는 겁니다. 돈을 많이 벌어서 내 욕심을 채운다고 생각하지 말고, 돈을 많이 벌어서 세상의 이익에 이바지하겠다고 생각하는 것이죠. 어떻습니까? 그저 내 욕심만 채울 때보다 훨씬 가치 있고 고차원적이지 않습니까?

생각을 전환하면 행복해진다

평소 사색을 즐겨 하면 생각의 전환은 얼마든지 이룰 수 있습니다. 1920년대 뉴욕 메인 스트리트에 한 시각장애인이 이런 팻말을 들고 구걸하고 있었습니다.

'저는 앞을 못 봅니다.'

행인들이 그를 그저 지나쳤습니다. 그때 프랑스 시인 앙드레 브르통(Andre Breton)이 시각장애인을 보고 도와줄 방법을 생각해

냈습니다. 시인은 시각장애인이 들고 있는 팻말을 이렇게 바꿔주었습니다.

'화창한 봄에 저는 아름다운 햇살을 볼 수 없습니다.'

그러자 깡통에 돈이 쌓이기 시작했습니다. 시각장애인은 무슨 일인가 궁금했습니다. 며칠 후 브르통이 그 시각장애인의 앞을 지나가게 되었습니다.

"목소리를 들으니 며칠 전 그분이시군요. 팻말에 뭐라고 써주셨길래 돈이 이렇게 많이 쌓이죠?"

시각장애인이 묻자 시인이 답했습니다.

"문구를 긍정적으로 바꿔주었더니 당신에게 행운이 찾아온 겁니다."

과거는 이미 지나갔고, 미래는 아직 오지 않았으니 우리에게는 오직 현재만 있습니다. 현재를 잘 살아가는 가장 쉬운 방법은 긍정적인 마음을 갖는 것입니다. 우리의 미래는 지금 하고 있는 일, 그리고 그 일을 하는 내 마음 자세를 보면 알 수 있습니다. 그러므로 지금 열심히 살며 행복한 마음으로 자비를 실천하면 현재는 물론 미래까지도 보장됩니다.

행복하게 살고 싶은가요? 행복은 주관적이고 상대적입니다. 자기가 아무리 부자여도 더 큰 부자를 보면 불행하다고 여기는 게 인간입니다. 행복은 자신과 가족의 건강, 폭넓은 인간관계, 삶의 속도와 여유, 이타적 행동, 운동과 취미 생활 등에 따라 크게 좌우됩니다. 행복의 40퍼센트는 심리적으로 관리가 가능하다고 합니다. 그래서 대문호 도스토옙스키(Dostoevskii)는 이렇게 말했습니다.

"인간이 불행한 것은 자기가 현재 얼마나 행복한지를 모르기 때문이다."

인생은 복 짓는 적금통장

성공한 사람들도 그 이면을 보면 어렵고 힘든 과정을 다 겪고 이겨냈습니다. 성공이라는 좋은 결과를 얻기 위해 지금 이 순간을 집중해서 정성껏 살아보면 어떨까요? 여기에 더해 나보다 어려운 이웃에게 조금이라도 힘을 보탠다는 마음으로 나눔을 실천하며 살면 좋겠습니다. 그렇게 할 수 있다면 우리 안의 갈등과 분열 또한 완화되면서 행복한 사회가 될 것입니다.

저는 2018년에 창단한 대한적십자사의 시니어 봉사 단원입니다. 미력하나마 기부와 자원봉사를 통해서 어려운 이웃에게 보탬이 되고자 하는 마음으로 여러 가지 나눔을 실천하고 있습니다.

살다 보니 우리 인생은 마치 적금통장과 같다는 생각을 하게 됩니다. 우리가 복을 많이 짓고 좋은 일을 많이 하면 꺼내 쓸 복도 많아지죠. 아무리 노력해도 일이 잘 풀리지 않을 때는 전생의 마이너스 통장에서 미리 꺼내 쓴 것으로 생각하고 더 많은 복을 저축해야 합니다. 복은 비는 것이 아니라 스스로 짓고 저축하는 것이어야 합니다. 그 복이 결국 우리 삶에서 행복의 원천이 될 수 있으니까요.

우리는 누구나 행복하게 살기를 원합니다. 하지만 행복은 다른 사람이 만들어주는 게 아니라 우리 스스로 만들어가는 것입니다. 내 삶과 다른 사람의 삶을 비교하면 감사하는 마음이 생겨나지 않습니다. 남과 비교하지 않고 지금 이 순간 내가 할 수 있는 것을 즐기며 감사하는 마음으로 긍정적으로 살다 보면, 밝은 기운이 밀려와 우리의 삶을 밝게 해줄 것입니다.

위로

꽃필 차례가 바로 그대 앞에 있다

그대 앞에 봄이 있다

김종해

우리 살아가는 일 속에

파도치는 날 바람 부는 날이

어디 한두 번이랴

그런 날은 조용히 닻을 내리고

오늘 일을 잠시라도

낮은 곳에 묻어두어야 한다

우리 사랑하는 일 또한 그 같아서

파도치는 날 바람 부는 날은

높은 파도를 타지 않고

낮게 낮게 밀물져야 한다

사랑하는 이여

상처받지 않은 사랑이 어디 있으랴

추운 겨울 다 지내고

꽃필 차례가 바로 그대 앞에 있다

● ○ ●

한때 메가박스 전국 367개 극장에서 하루 평균 2,200여 회(상영관
당 하루 6회) 관객들과 만났던 시입니다. 영화 상영 직전에 화면 자
막으로 소개되면서 온라인 검색창을 연일 달궜죠.

　이 시는 극장에서 활자와 영상의 멋진 하모니를 보여줬습니다.
메가박스가 광고 시간의 일부를 공익용으로 활용하는 '아름다운
세상 만들기' 캠페인을 펼친 덕분에 주요 관객인 20~30대가 시
의 향기에 푹 빠질 수 있었지요.

　극장 밖에서는 제주 우도와 전남 완도 타워, 서울 북한산 둘레
길, 지하철역 스크린도어 등에서 수많은 독자들과 만났습니다.
이안삼 작곡의 성악으로도 큰 인기를 끌었지요.

상처받지 않은 사랑이 어디 있으랴

시의 내용처럼 우리 삶에는 파도치고 바람 부는 날이 많습니다.
그럴 때 시인은 "조용히 닻을 내리고/ 오늘 일을 잠시라도/ 낮은
곳에 묻어두어야 한다"고 말합니다. 우리 사랑도 그와 같으므로
"파도치는 날 바람 부는 날은/ 높은 파도를 타지 않고/ 낮게 낮게

밀물져야 한다"고 말하지요.

그러면서 "사랑하는 이여/ 상처받지 않은 사랑이 어디 있으랴/ 추운 겨울 다 지내고/ 꽃필 차례가 바로 그대 앞에 있다"며 우리를 위로하고 격려합니다. 이 마지막 부분이 시의 백미이지요.

시인은 '파도'와 '바람', '겨울'로 상징되는 인생의 고난을 '상처받은 사랑'으로 치환하면서 "꽃필 차례가 바로 그대 앞에 있다"는 희망의 메시지를 함께 전합니다. 그 희망의 상징이 곧 봄이지요.

〈봄꿈을 꾸며〉라는 시에서도 봄을 기다리는 이유를 "살구꽃, 산수유, 복사꽃잎 눈부시게/ 눈처럼 바람에 날리는 봄날이/ 언덕 너머 있기 때문"이라며 "한평생 살아온 세상의 봄꿈이 언덕 너머 있어/ 기다리는 동안/ 세상은 행복했었노라"라고 노래합니다.

김종해 시인은 동생 김종철 시인과 더불어 '형제 시인'으로 불립니다. 여섯 살 아래의 고 김종철 시인(2014년 작고)은 1968년 한국일보와 1970년 서울신문 신춘문예로 등단한 뒤 출판사 문학수첩을 설립하고 시 계간지 〈시인수첩〉을 창간했지요. 출판사 문학세계와 시 계간지 〈시인세계〉 발행인인 형에 이어 두 사람 모두 한국시인협회장까지 지낸 이력이 남다릅니다. 김종해 시인의 큰아들 김요일은 시인, 작은아들 김요안은 문학평론가로 활동하고 있으니 대를 잇는 문인 가족이기도 하지요.

내 몸은 온갖 감정과 영혼을 담은 악기

팔순이 넘은 시인은 2019년 열두 번째 시집 《늦저녁의 버스킹》을 펴내며 "사람의 몸이 온갖 감정과 영혼을 담은 악기(樂器)"라는 사실을 다시 한 번 일깨워줬습니다.

그의 시에는 오랜 경륜과 깊은 사색의 결실이 담겨 있지요. 다음 시 한 편도 빼놓을 수 없는 절창입니다.

"하늘에 길이 있다는 것을/ 새들이 먼저 안다/ 하늘에 길을 내며 날던 새는/ 길을 또한 지운다/ 새들이 하늘 높이 길을 내지 않는 것은/ 그 위에 별들이 가는 길이 있기 때문이다."(시 〈새는 자기 길을 안다〉 전문)

하늘에 난 길은 눈에 보이지 않고 흔적도 없지요. 그 길은 창공에 번뜩이는 찰나의 직선이자 영원의 곡선입니다. 미지의 공간에 새들이 길을 내고 스스로 지우는 것은 "그 위에 별들이 가는 길이 있기 때문"이요, 우주의 여백에 새 길을 다시 내기 위한 까닭이지요.

그 신생의 길에서 또 다른 상상의 나래를 펼치는 순간, 우리는 별을 물고 날아오르는 한 마리 새처럼 순백의 도화지에 새로운 선을 긋는 꿈의 날개가 되기도 합니다.

평가 말고 위로하라

우리는 종종 남의 작품이나 일을 서슴없이 평가할 때가 있습니다. 특히 회사에서 두각을 드러내는 사원에게조차 가혹한 평가를 하는 경우가 많습니다. 그가 유능한 인재로 성장하지 못하고 좌절하도록 하는 거죠.

'후광 효과(Halo Effect)'라는 단어를 아십니까? 이는 어떤 사람의 한 가지 특징을 보고 그 사람 전체를 규정하는 것을 말합니다. 누구나 타인에게 심어주는 첫인상이 굉장히 중요하다는 사실을 알고 있습니다. 첫인상을 좋게 어필하면 그 사람과의 인간관계도 원활하게 풀리는 경향이 있죠. 또 인생의 성공 여부를 첫인상이 결정하기도 합니다.

우리는 바닷가 모래 위에 글씨를 쓰듯 다른 사람에 대해 말합니다. 그러나 듣는 사람에게는 쇠 철판에 글씨를 새기듯 들린다고 합니다. 나는 지나가는 말로 아무 생각 없이 말하지만 그 말을 듣는 사람은 평생 그 말을 잊지 못할 수도 있습니다.

철학적인 주제로 수많은 독자를 사로잡았던 《좀머씨 이야기》

를 쓴 작가 파트리크 쥐스킨트(Patrick Suskind)가 《깊이에의 강요》라는 단편집을 내놓았지요. 소설 속에 다음과 같은 장면이 나옵니다. 한 신인 화가가 전시회에서 어떤 사람이 자기 작품에 대해 무심코 던진 말을 듣게 됩니다.

"당신은 재능이 있고 당신의 작품은 마음에 와 닿지만, 아직 깊이가 부족하군요."

화가는 그 말을 이해할 수 없었기에 잊어버리려 했습니다. 그런데 이틀 후 신문에서 이런 비평을 접합니다.

"뛰어난 재능에 많은 호감을 불러일으키는 그의 작품은 애석하게도 깊이가 없다."

연거푸 비슷한 말을 듣고 화가는 고민에 빠집니다.

'나는 왜 깊이가 없을까?'

그 생각에서 헤어 나오지 못한 화가는 그림에 손을 대지 못합니다. 비평대로 자신이 깊이가 없다는 결론에 도달해 미술 서적을 탐독하는가 하면, 화랑과 박물관을 두루 다녀보고 서점에서 가장 깊이 있다는 책을 찾아 읽기도 합니다.

그런데도 그림을 못 그리게 된 화가는 술을 마시고 각성제를 먹으며 심지어 친구들마저 멀리하기 시작합니다. 자신에게 호감을 보이는 사람에게조차 자조 섞인 말을 건네며 만남을 거절합니다.

"저는 깊이가 없어요."

정말 화가에게는 깊이가 없었던 걸까요? 남의 말에 휘둘려서 자신의 삶을 피폐하게 만드는 어리석은 짓을 한 게 아닐까요? 전시회에 가면 그림을 어떻게 감상합니까? 술자리에서 작품의 깊이를 얘기하고 심지어는 술기운에 말을 툭툭 던지다가 술이 깨고 나면 기억을 못하는 경우도 있죠. 소설 속의 지나가는 사람이 그랬습니다. 그는 '깊이가 없다'고 말한 걸 기억조차 하지 못했습니다. 이 작품은 우리에게 조언이든, 지적이든 다른 사람의 공허한 말에 연연하지 말고 자기의 세계를 갖는 것이 현명하다는 주제를 전달하고 있습니다.

상대방에 대한 작은 배려의 습관

타인의 인정에 목말라하고 타인의 평가에 매몰될 수밖에 없는 현대인의 삶은 얼마나 위험합니까? 게다가 인터넷 공간은 익명으로 온갖 거짓과 확인되지 않은 정보가 홍수를 이룹니다. 비평을 위한 비평에 지나지 않는 누군가의 깊이 없는 평가에 우리는 너무나 쉽게 마음을 빼앗기고 있습니다. 그 평가의 감옥에 갇힌 우리의 수많은 재능이 생명을 잃는다는 사실은 무척 가슴 아픕니다.

탈무드에서 "말은 깃털과 같이 가벼워서 한번 내뱉으면 주워 담기 힘들다"고 했습니다. 칭찬 한마디가 다른 사람의 가슴에 씨앗이 되어 얼마나 크게 자랄지 아무도 모릅니다. 칭찬은 고래도 춤추게 한다고 하지 않던가요. 우리가 하는 칭찬은 상대방에게 작은 배려이고 작은 정성의 씨앗이며 불꽃이 되어, 처음에는 작게 시작되지만 나중에는 성대하게 꽃을 피웁니다.

생각 없이 손쉽게 남을 평가하고 다른 사람에게 상처를 주기보다 그러기 전에 한 번쯤 생각해봅시다. 신중하게 말하는 습관을 가져야 합니다. 특히 자기 분야는 물론이고 다른 분야에서도 어느 정도 일가견이 있는 젊은이들에게 격려와 칭찬을 건네는 태도가 반드시 필요합니다.

스승

꽃이 피었다고 너에게 쓴다

너에게 쓴다

천양희

꽃이 피었다고 너에게 쓰고
꽃이 졌다고 너에게 쓴다.
너에게 쓴 마음이
벌써 길이 되었다.
길 위에서 신발 하나 먼저 다 닳았다.

꽃 진 자리에 잎 피었다 너에게 쓰고
잎 진 자리에 새가 앉았다 너에게 쓴다.
너에게 쓴 마음이
벌써 내 일생이 되었다.
마침내는 내 생 풍화되었다.

● ○ ●

봄꽃이 망울을 터뜨릴 즈음 읽기 좋은 시입니다. 언젠가 서울 종로 교보생명빌딩의 '광화문 글판'이 이 시의 한 구절로 옷을 갈아입었지요. 꽃과 잎이 활짝 핀 나무에 새들이 앉아 있는 그림을 배경으로 "꽃 진 자리에 잎 피었다 너에게 쓰고/ 잎 진 자리에 새가 앉았다 너에게 쓴다"는 구절이 새겨져 있었습니다.

글판에 새겨진 것은 두 구절이지만, 10행으로 이뤄진 원문을 읽으니 훨씬 더 깊은 맛이 느껴집니다. 봄꽃이 피고 질 때마다 '너'를 생각하고, "꽃 진 자리"에 새 잎이 피고 "잎 진 자리에 새가" 날아와 앉는 동안에도 '너'를 생각하지요. 그 마음이 '길'이 되고 '신발'이 되고 '일생'이 되어 다 닳아 없어질 때까지……. 담백한 것 같으면서도 참 애틋하고 절절한 시입니다.

"아직 나는 시의 학교의 맨 처음 학생"

시는 이렇게 짧은 문장으로 긴 울림을 줍니다. 말을 아끼고 벼리는 시인의 각고(刻苦) 덕분이지요. 천양희 시인은 등단한 지 55년이 넘었지만 지금도 원고지에 시를 씁니다. 시를 쓰기 전에 먼저 손을 씻고 교자상 앞에 앉아 볼펜으로 한 자 한 자 쓰지요. 그는 "아직 나는 시의 학교의 맨 처음 학생"이라며 "원고지 앞에서는 늘 공포를 느낀다"라고 말합니다.

그의 말처럼 시향(詩香)이 침향(沈香)처럼 되기까지는 오랜 시간이 걸리지요. 그래서 그는 날마다 시의 회초리로 스스로를 채찍질합니다. 이 같은 시인의 자세는 〈벌새가 사는 법〉이라는 시에 잘 나타나 있습니다.

"벌새는 1초에 90번이나/ 제 몸을 쳐서/ 공중에 부동자세로 서고/ 파도는 하루에 70만 번이나/ 제 몸을 쳐서 소리를 낸다// 나는 하루에 몇 번이나/ 내 몸을 쳐 시를 쓰나."

우리의 호흡은 1분에 16~17회, 맥박은 60~70회에 불과한데 작은 벌새는 1초에 90번씩이나 날갯짓을 하다니! 마음이 느슨해질 때마다 꺼내 읽고 싶어지는 시입니다.

천양희 시인은 오랫동안 1초에 90번 이상 마음의 날갯짓으로 자기 몸을 치며 살았지요. 이화여자대학교 국문과 3학년이던 1965년에 시인 박두진의 추천을 받아 〈현대문학〉으로 등단한 이후 첫 시집 《신이 우리에게 묻는다면》(1983)을 펴낼 때까지 18년 세월을 절망 속에서 보냈습니다. 사랑했던 사람과 결혼했지만 헤어졌고, 다섯 살 아이와 멀어졌으며, 그해 아버지와 어머니도 한꺼번에 여의었지요. 고통 속에 폐결핵까지 앓아 몸과 마음이 만신창이가 됐습니다.

죽으려고 찾아간 장소가 내변산 직소폭포였지요. 폭포 소리 너머로 "너는 죽을 만큼 살았느냐"는 목소리가 들렸습니다. 길이 끝나는 곳에서 만난 직소폭포. 거기에서 그는 비로소 생의 의지를 발견했습니다.

그곳에서 〈직소포에 들다〉라는 시도 잉태했지요. "폭포 소리가 산을 깨운다"로 시작해 "여기 와서 보니/ 피안이 이렇게 좋다/ 나는 다시 배운다/ 절창(絶唱)의 대목, 그의 완창을"로 끝나는이 시는 그가 가장 오랜 시간에 걸쳐 완성한 작품입니다. 그만큼가슴 아린 절창이지요.

잊을 수 없는 세 분의 스승

그에게 시의 스승은 누구였을까요? 잊을 수 없는 스승이 세 분이라고 합니다. 글을 알기 전부터 고전을 읽어주고 당송(唐宋) 시와한시들을 들려주며 시에 대한 귀를 열어주신 아버지와 초등학교때 "너는 시인이 될 것"이라며 재능을 발견해주신 담임선생님,시적 재능을 인정하고 등단의 길로 이끌어주신 박두진 시인.

그는 이들을 '백화점 마네킹의 뒷면에 꽂힌 수많은 시침핀'에비유합니다. 옷맵시를 살리기 위해 마네킹 뒷면 여기저기에 보이지 않는 시침핀들이 꽂혀 있듯 한 사람의 인생 뒤에는 이렇게 많은 스승의 숨결이 스며 있다는 것이지요.

그의 얘기에 귀를 기울이다 보면 새삼 제 삶을 돌아보게 됩니다. '나는 하루에 몇 번이나 내 몸을 쳐서 소리를 내나. 나를 키워준 스승과 세상에는 어떤 날갯짓으로 보답해야 하나⋯⋯.'

누구나 스승이 될 수 있다

사랑은 내리사랑이라는 말이 있죠. 이 말인즉슨 윗사람이 아랫사람을 배려하고 사랑하는 정도가 너 싶고 간절하다고 풀이할 수 있습니다. 그 가운데서도 자식에 대한 부모의 사랑은 비할 수 없이 깊고 간절합니다.

요순시대의 순임금은 어렸을 때 가난하게 살았지만 아버지와 계모에게 효성이 지극했고 이복동생을 사랑하고 아꼈다고 합니다. 하지만 아버지와 계모는 순을 미워해 호시탐탐 그를 죽이려 시도했죠. 어느 날 순의 아버지 고수가 그에게 식량 창고의 지붕을 고치라고 했습니다. 순이 사다리를 타고 지붕 위로 올라가자 아버지는 사다리를 치워버리고 창고에 불을 질렀습니다. 큰불이 지붕을 타고 올랐고 그는 두 개의 삿갓을 새의 날개처럼 이용해 지붕에서 뛰어내렸습니다.

고수는 계략이 실패로 끝나자 다음에는 그에게 우물을 파게 한 다음 돌로 메웠습니다. 순은 우물 옆으로 굴을 파고 탈출해서 무사히 집으로 돌아왔습니다. 평소에도 수시로 쏟아지는 아버지의 매질을 모두 감내했고, 죽을 지경이 되어서야 간신히 몸을 피했죠. 그가 이렇게 한 것은 자신의 죽음으로 인해 아버지가 나중에 마음 아파하지 않을까 근심했기 때문이라고 합니다.

순임금은 부모에게 큰 효도를 한 것으로 유명합니다. 순임금의 마음에는 항상 근심이 있었습니다. 양자(揚子)의 책《법언》의 '지효'에 이런 구절이 있습니다.

"부모를 섬기며 스스로 부족함을 아는 사람은 순임금일 것이다. 오랫동안 할 수 없다는 것은 부모 섬기는 일을 말한다. 그래서 효자는 섬길 시간이 얼마 없음을 안타까워한다."

부모를 섬기는 데는 시간이라는 제약이 있기에 진정한 효자는 효도할 시간이 모자라지 않을까 근심하는 사람이라는 뜻입니다.《논어》에도 "부모는 오직 자식이 병이 날까 그것만 근심한다(父母唯其疾之憂, 부모유기질지우)"라는 구절이 있습니다. 부모의 마음은 오직 자식이 건강하고 잘되기만을 바라기에, 자식은 스스로를 지켜서 부모의 마음을 아프지 않게 하는 것이 효도의 기본이라는 뜻입니다. 그리고 자신의 일에 충실함으로써 부모의 마음을 기쁘게 해야 하며 한 가지 더 명심할 것은 부모의 시간은 유한하다는 것입니다.

우리 인생에 부모님만큼 좋은 스승이 또 있을까요? 의미 있는 삶을 살려면 우리 인생의 최고 스승인 부모님에게 충실해야 합니다. 이것은 효도에 있어서 가장 절실한, 기본 중의 기본입니다. 사는 데 바빠서 오늘 하지 못하면 내일 하면 되지, 미루는 마음으로 후회할 일을 만들고 있지는 않은지 늘 새겨야 합니다.

스승에게 배운 세 가지 큰 인연

저는 공군사관학교 교관 시절에 결혼했습니다. 결혼식에서 주례를 봐주신 분이 지금은 입적한 지관 큰스님입니다. 주례사의 요지는 인생에 세 가지 큰 인연이 있다는 것이었습니다. 첫째는 태어날 때 부모와의 인연, 둘째는 결혼을 통한 배우자와의 인연, 그리고 마지막으로 이승을 떠나 저승으로 가는 죽음과의 인연을 말씀해주셨습니다. 이 세 가지 인연은 우리 인생에서 가장 중요한 가르침을 주는 소중한 스승이라고 할 수 있습니다.

저에게는 또 하나의 소중한 인연이자 소중한 스승이 있습니다. 바로 공군사관학교 교관 시절 지금의 아내를 처음 소개받고 선을 보는 자리에 나오신 장모님입니다. 장모님께서는 처음부터 제가 마음에 들었다고 하시며 엄지를 척 들어 올리며 인정해주셨습니다. 그런 장모님 덕분에 자신감을 갖고 계속 데이트를 해서 결혼에 성공할 수 있었죠.

장모님께서는 제가 어려서 어머니를 잃고 얼마나 힘들게 살았겠느냐며 친어머니보다 더 물심양면으로 보살펴주셨습니다. 저희 부부의 미국 유학 중에 세 번 오셨었는데, 장모님의 반찬 취향이라든지 성격의 합이 저와 너무 잘 맞았습니다. 오죽하면 아내가 '장모님이 아니라 전생에 친어머니였던 것 같다'고 하면서 놀릴 정도였습니다.

"미래심 불가득(未來心 不可得)이니 현재심(現在心)에 충실해야 한다"는 말이 있습니다. 미래의 마음을 얻을 수 없으니 지금의 마음에 충실하라는 뜻이죠. '있을 때 잘해'라는 유행가 가사가 틀린 게 하나도 없습니다.

부모님이 살아 계실 때 한 번이라도 더 찾아뵙고 같이 있는 시간을 가져야 합니다. 부모님이 돌아가신 후에 후회해봐야 소용없고 부질없는 일입니다. 부모님 생전에 하루라도 빨리, 잘하지 못했던 걸 깨닫고 알지 못했던 부모님의 은혜를 절실하게 느끼는 삶을 살길 바랍니다.

뿌리

어머니를 위한 자장가

정호승

잘 자라 우리 엄마

할미꽃처럼

당신이 잠재우던 아들 품에 안겨

장독 위에 내리던 함박눈처럼

잘 자라 우리 엄마

산그림자처럼

산그림자 속에 잠든 산새들처럼

이 아들이 엄마 뒤를 따라갈 때까지

잘 자라 우리 엄마

아기처럼

엄마 품에 안겨 자던 예쁜 아기의

저절로 벗겨진 꽃신발처럼

● ○ ●

세상에, 짧은 자장가 한 편으로 이렇게 사람을 울리다니요! 정호
승 시인은 88세 된 어머니가 잠든 모습을 보고 이 시를 썼다고 합
니다. 보리새우처럼 눙글게 누워 자는 어머니, 어린 날 그를 재우
려고 자장가를 불러주던 어머니…….

　세상의 모든 자장가는 '잘 자라 우리 아가'로 시작하지만 이 시
에서는 '아가'가 '엄마'로 바뀌었지요. "잘 자라 우리 엄마"를 세
번 반복하면서 할미꽃 같고, 산그림자 같고, 예쁜 아기 같은 모습
을 따스하게 그려냈습니다.

시는 슬플 때 쓰는 것

정호승 시인은 효심이 깊은 사람입니다. 부모님이 살아 계실 때
자주 뵈려고 작업실을 부모님 댁으로 옮겨놓고 매일 출퇴근하듯
글을 썼지요. 시선집 《내가 사랑하는 사람》 서문에는 "이 시집을
늙으신 어머님께 바칩니다"라는 헌사를 올렸습니다.

　시인의 어머니는 2019년 봄에 돌아가셨어요. 그때 시인은 어
머니 영전에 이 시를 바치고 입관할 때 읽어드렸습니다. 이 시를

노래로 부른 가수 안치환은 "저도 어머니가 세상을 떠나시면 빈소에 틀어놓고 싶은 노래"라고 말했지요.

정호승 시인의 시에는 어머니가 자주 등장합니다. 그는 "어릴 적 어머니가 가계부로 쓰는 공책에 시를 쓰신 걸 봤는데, 그때 '시는 슬플 때 쓰는 거다'라고 말씀하셨다"며 "어떻게 시의 본질을 그리 꿰뚫고 계셨는지 놀랐다"고 말했지요. 또 "어머니한테 있던 시의 마음이 저한테 와서 제 가슴속에 시가 고이는 게 아닌가 하고 느낄 때가 많다"라고 했습니다.

"시는 모유 같은 거예요. 어머니가 모유를 주지 않으면 아기가 생명을 얻을 수 없는 것과 같죠."

그에게 어머니는 '세상에서 가장 만만한 사람'이자 '사랑의 본질을 다 알고 말없이 실천하는 무조건적 헌신의 샘물'입니다. 그는 어머니와 자식의 관계를 활과 화살에 비유하곤 합니다.

"화살은 활이 많이 휠수록 멀리 날아갑니다. 어머니의 허리가 휠수록 자식은 그만큼 멀리 나아가지요. 화살이 멀리 날아갈수록 그 화살을 날려 보낸 활은 더욱 팽팽하게 휩니다. 활은 휘어질수록 고통이 심하지만 오직 화살을 멀리 날려 보내기 위해 고통을 참고 이겨냅니다."

어머니의 등은 활처럼 둥글지요

그는 지금도 "살아가기 힘들 때마다 어머니의 합죽한 미소를 떠올린다"고 말하지요. 〈어머니를 위한 자장가〉도 그동안 살면서 어머니에게 아무것도 해드린 게 없는 죄스런 마음을 담아서 썼다고 합니다.

그래서인지 이 시에 그려진 어머니의 등은 활처럼 둥급니다. "장독 위에 내리던 함박눈"도 둥글고, "예쁜 아기의/ 저절로 벗겨진 꽃신발"도 둥글지요. 시인은 그 둥근 곡선의 손길로 우리 마음을 부드럽게 어루만집니다. 따뜻한 어머니의 젖가슴과 그 사랑의 심연에서 뿜어져 나오는 모유의 달큰한 향기까지 떠올리게 합니다.

애국심의 뿌리

영국의 작가 찰스 디킨스(Charles Dickens)는 애국심에 대해 이렇게 말했습니다.

"애국심의 뿌리는 가정을 사랑하는 마음이다."

사회가 개인화되면서 애국심이 예전만큼 가치를 인정받지 못하고 있습니다. 하지만 애국심은 우리가 어머니를 사랑하는 마음, 가정을 사랑하는 마음과 같은 뿌리를 공유합니다. 세상에 어머니를 사랑하지 않는 자식이 있을 수 없고 제 가정을 사랑하지 않는 가장이 있을 수 없듯, 애국심은 시대와 상관없이 숭고한 가치를 내포한, 인간의 고귀한 감정이라고 할 수 있습니다.

애국심을 품고 전쟁에 나갔다고 생각해봅시다. 어떤 사람이 전쟁에서 영웅이 되는 걸까요? 탁월한 전술로 고지를 점령한 장군일까요, 아니면 그 전투에 참전한 병사일까요? 저는 이들을 포함해서 전사한 병사, 끝까지 살아남은 병사가 전부 영웅이라고 생각합니다. 조국을 위해 소중한 목숨을 바칠 각오로 나선 이들이 영웅이 아니면 누가 영웅이라 불릴 수 있을까요?

오늘날에도 세상이 주목하지 않아도 묵묵하게 조국을 위해 헌신하는 영웅들이 있습니다. 공군 최신예 스텔스 전투기 F-35A가 공군 서산 기지에 동체 착륙 하는 사건이 2022년 초에 발생했습니다. 만약 조종사가 전투기를 서해 바다로 향하게 하고 자신이 비상 탈출을 시도했더라면 조종사는 목숨을 건졌겠지만 전투기는 서해 바다에 가라앉았을 것입니다. 그러나 조종사는 위대하게 애국심을 발휘해 자신의 생명도 구하고 대한민국 공군이 자랑하는 F-35A를 고스란히 보존할 수 있는 동체 착륙에 성공했습니다.

제가 공군과 인연을 맺게 된 것은 대학 졸업 후 공군 학사장교 시험에 합격하고 1975년에 공군 소위로 임관하면서부터입니다. 임관 후 첫 보직을 성남시 근교의 공군전투비행단 통신중대장으로 부임해 공군 전투비행기의 이착륙을 유도하는 통신 장비를 유지 보수하는 임무를 맡았습니다. 공군 중위로 진급하고 통신중대장 임무를 마친 다음에는 공군사관학교 전자공학과 교관으로 전속 명령을 받았습니다. 사관생도들에게 전자회로 등 전공 과목을 가르치다가 전역을 했습니다.

묵묵히 헌신하는 우리들의 영웅

이러한 경험을 바탕으로 전투 조종사들의 애국심과 투철한 사명감을 가까이에서 접할 수 있었지요. 공군사관생도들은 이른 새벽부터 생도전대에서 고된 훈련을 마치고 아침 일과가 시작되면 등 교해 교양과목과 전공과목 수업을 듣습니다. 그들이 4년 교육을 마치고 공군 소위로 임관할 때면 조국을 위해 자기 생명을 바치 겠다는 투철한 군인 정신으로 충만해 있습니다.

그들과 함께 보낸 시간은 저의 인생에서도 잊을 수 없는 추억 입니다. 공군사관학교 29기 졸업생인 배정기 대령은 저와 동고동 락한 기억을 이렇게 회상하고 이야기한 바 있습니다.

"삭풍이 부는 연초부터 뜨거운 한낮의 햇볕까지 모든 것이 힘 든 시절, 유일하게 나를 돌아보게 하는 시간은 학과장의 교육 시 간으로 그야말로 안식의 시간이었다. 비록 쉬운 과정은 아니었지 만 그래도 새로운 지식을 함양하는 과정에서 많은 것을 배우고 익히면서 사관생도의 자질을 함양할 수 있었다. 유독 따스하고 인간적으로 마음에 와 닿았던 유일한 교관님. 인생의 선배로서, 선생으로서, 어떤 때는 마치 형 같은 따스한 마음을 가진 정말 고 마운 스승이었다."

2022년에 들어 두 건의 전투기 추락 사건이 있었습니다. 그러 나 뛰어난 조종사들의 위기 관리 능력으로 큰 피해를 막을 수 있 었습니다. 첫 번째 사건의 주인공은 추락 순간까지 민가 피해를 막기 위해 조종간을 놓지 않았던 F-5E 전투기 조종사 고 심정민 소령입니다. 이어서 두 번째 주인공은 위급한 순간에서 동체 착 륙에 성공한 F-35A 조종사 배 소령(보안상 실명 미공개)입니다.

F-5E 전투기 사고는 연료도관에 미세한 구멍 등 결함으로 엔진에 화재가 발생한 사건입니다. 조종사인 심 소령은 비상 탈출을 위해 '이젝션(Ejection, 탈출)'을 두 번 외친 후 추락 직전까지 19초의 탈출 기회가 있었습니다. 그렇지만 전투기가 추락할 순간 근처에 민가가 있음을 발견하고 비상 탈출을 포기했죠. 그는 마지막 순간까지 조종간을 놓지 않았습니다. 자신의 목숨을 잃더라도 민가에 피해를 입혀서는 안 되겠다는 투철한 공군사관생도 정신과 충만한 애국심이 없이는 강행하기 어려운 판단이었습니다. 심 소령은 소중한 생명을 조국에 바친 것입니다.

젊은 가슴에 피어난 애국심

공군 최신예 스텔스 전투기 F-35A 동체 착륙 사건은 공대지 사격 임무를 위해 청주 기지를 이륙한 뒤 사격장 진입을 위해 약 330미터 고도에서 비행하던 중에 좌측 공기 흡입구에 대형 독수리가 충돌해 일어난 사건입니다. 독수리 충돌로 무장 적재실 내부가 파손되면서 동시다발적인 결함을 일으킨 것으로 추정됩니다. 배 소령은 전투기 결함을 인지하자마자 즉시 비상 상황을 선포하고 인구 밀집 지역을 피해 비상 착륙을 준비했습니다. 랜딩 기어가 작동하지 않던 상황에서 배 소령은 서해 해안선을 따라 공군 서산 기지로 접근해 동체 착륙에 성공한 것입니다.

동체 착륙은 비행기의 동체를 직접 활주로에 비상 착륙하는 방식으로 고도로 숙련된 조종사가 아니면 해낼 수 없는 기술입니다. 배 소령의 동체 착륙은 전 세계적으로 F-35A 도입 이래 첫 사례로 기록되었습니다. 전 세계 군 관계자들이 대한민국 전투기 조종사들의 기량과 애국심에 놀랐다고 합니다.

두 전투 조종사의 군인 정신과 애국심에 저절로 머리가 숙여집니다. 이 두 사람은 진정한 대한민국의 영웅입니다. 제가 수업 때 만났던 그 젊고 늠름한 얼굴을 가진, 저마다 가슴속에 애국심을 품고 있던 생도들 모두가 영웅입니다. 더불어 동체 착륙을 할 수 있도록 철저한 준비를 해준 공군 제20전투비행단 장병들에게도 찬사를 보냅니다. 저는 짧은 기간이었지만 대한민국 공군 조종사들을 육성하는 공군사관학교에서 교관으로 복무했다는 사실에 커다란 자부심을 느끼면서 살고 있습니다. 대한민국 공군의 위대함이 진정으로 자랑스럽습니다.

치유

그녀가 명랑하게 암을 이긴 비결

가장 거룩한 것은

장재선

겨울 끝에서 봄이 일어나는 것처럼
명랑 투병으로 희망을 일으킨다는
당신,
웃는 얼굴이 떠오릅니다.

단정한 시를 쓰는 분이
그렇게 말이 빠를 줄은 몰랐지요.
암을 다스리는 분이
그렇게 많이 웃을 줄도 몰랐지요.

교도소 담장 안의 이들과

편지를 나눈 이야기를 하다가

세상 떠난 이들이 사무쳤던

당신,

끝내 눈시울을 붉혔지요.

가장 거룩한 신앙은

가장 인간적인 것임을 알려준

당신,

웃다 울다 하는 모습이

예뻤어요.

● ○ ●

이 시를 쓴 장재선 시인은 문학 담당 기자이기도 합니다. 암 투병으로 고생하던 이해인 수녀를 만나고 나서 이 시 〈가장 거룩한 것은〉을 썼다고 해요.

'시 쓰는 수도자' 이해인 수녀에게 암이 발병한 것은 2008년 여름이었습니다. 많은 이들이 안타까워한 것과 달리, 정작 그는 '명랑 투병'이라는 신조어를 낳을 만큼 밝고 명랑했지요. 이 시의 첫 구절 "겨울 끝에서 봄이 일어나는 것처럼" 맑은 모습 그대로였습니다.

'명랑 투병'이란 말의 기원

'명랑 투병'이란 표현은 어떻게 나온 걸까요? 이해인 수녀가 문화부 기자인 장재선 시인에게 들려준 얘기는 이렇습니다.

"하하. 제 주민등록증 이름이 명숙이에요. 밝을 명, 맑을 숙. 암센터에서 진단받았을 때 의사 선생님이 수술 먼저 하겠느냐, 방사선 먼저 하겠느냐고 묻더군요. 가슴이 울렁거렸지만 즉시 표정을 밝게 하고 답했지요. '60여 년 살았으니까 됐어요. 선생님 좋은 대로 하셔요. 결과에 대해서 원망하지 않을게요.' 그렇게 웃으면서 이야기했더니 수술한 의사 선생님이 '수녀 시인이 너무 화통하고 명랑하더라'고 주변에 얘기해서 소문이 났나봐요. 그러면 그에 맞게 명랑 투병하자, 목표를 정했죠. 마음먹으니까 되더라고요."

그는 아픈 중에도 많은 사람에게 위로와 치유의 메신저 역할을 했습니다. 그중에는 '교도소 담장 안의 이들'과 '세상 떠난 이들'도 있었습니다. 무기수로 복역 중인 신창원과 수십 통의 편지를 주고받고, 직접 면회를 가거나 전자우편과 화상 면회로 만나면서 마음을 어루만져줬지요.

열네 살 위인 소설가 박완서 선생은 남편과 아들을 잇달아 잃은 뒤 그를 만나 심신을 의지하면서 슬픔을 이겨냈습니다. 박 선생은 세상을 떠나기 9개월 전 편지에 이렇게 썼지요.

"당신은 고향의 당산나무입니다. 내 생전에 당산나무가 시드는 꼴을 보고 싶지 않습니다. 나는 꼭 당신의 배웅을 받으며 이 세상을 떠나고 싶습니다. 더도 말고 덜도 말고 나보다는 오래 살아주십시오. 주여, 제 욕심을 불쌍히 여기소서.”

‘살기 싫다’는 편지를 보내온 사람을 위하여

그의 글방 창고에는 전국 각지에서 온 몇 십만 통의 편지가 보관돼 있습니다. 보낸 사람의 직업에 따라 색깔별로 분류해놓은 편지에는 수많은 사연이 담겨 있지요. 가출 소녀와 미혼모, 희망을 잃고 방황하는 젊은이……. 아픈 그에게 ‘살기 싫다’는 편지를 보내온 이도 있었습니다. 그들에게 한 줄이라도 답을 해주려 애쓴다고 했지요. “거기엔 죽은 사람의 편지까지 있다”는 말끝에 눈시울을 붉히기도 했습니다. 그러다가도 금방 환하게 웃으며 병상에서 쓴 시 〈새로운 맛〉을 가만가만 들려줬습니다.

“물 한 모금 마시기/ 힘들어 하는 나에게/ 어느 날/ 예쁜 영양사가 웃으며 말했다// 물도/ 음식이라 생각하고/ 천천히 맛있게 씹어서 드세요// 그 이후로 나는/ 바람도 햇빛도 공기도/ 천천히 맛있게 씹어 먹는 연습을 한다.”

그는 “생사의 기로에 있어 보면 당연한 것이 당연하지 않고, 모든 게 새로운 ‘보물’이 된다”라며 “누군가의 비난을 받으면 내가 겸손해지니까 그것 또한 보물”이라고 말했죠. 이런 그의 모습에 감명받은 장재선 시인은 시의 마지막을 “가장 거룩한 신앙은/ 가장 인간적인 것임을 알려준/ 당신,/ 웃다 울다 하는 모습이/ 예뻤어요"라고 장식했습니다. 참으로 공감이 가는 결구(結句)입니다.

수능 필적 확인 문구에 등장한 시

이해인 수녀는 이렇게 '명랑 쾌활'하고 '인간적인' 모습으로 항암 치료를 잘 마치고 건강을 회복할 수 있었습니다. 2021년에는 전국의 대입 수험생들에게 뜻밖의 격려와 응원을 선사하기도 했죠. 수능 필적 확인 문구가 바로 이해인 수녀의 시에 나오는 구절, "넓은 하늘로의 비상을 꿈꾸며"였습니다. 그의 시집 《작은 기도》에 실린 시 〈작은 노래 2〉의 앞부분에 있는 이 구절은 코로나 바이러스와 싸우며 열심히 공부한 학생들에게 멋진 비상의 꿈을 안겨주었습니다. 4행으로 나눠진 이 구절의 앞뒤 원문은 이렇습니다.

"어느 날 비로소/ 큰 숲을 이루게 될 묘목들/ 넓은 하늘로의 비상을 꿈꾸며/ 갓 태어난 어린 새들."

이 내용이 수능 필적 확인 문구로 제시됐다는 사실을 뒤늦게 전해 들은 그는 "하도 오랜만에 만나는 구절이라서 내가 쓴 시가 아닌 줄 알았다. 모든 수험생이 이걸 썼다고 생각하니까 가슴이 막 울렁거리더라"며 환하게 웃었지요. 수녀가 된 지 약 60년, 암 수술을 받은 지 15년이 넘은 수녀 시인 이해인. 그의 시와 삶은 험한 세상을 건너는 우리에게 새로운 봄과 큰 숲, "넓은 하늘로의 비상을 꿈꾸며/ 갓 태어난 어린 새들"의 날갯짓까지 함께 선물해 주는 것 같습니다.

난관을 극복하는 긍정의 힘

삶이 고달픈 가운데에도 우리를 행복하게 이끄는 것은 무엇일까요? 바로 긍정의 힘입니다. 정신적으로나 물질적으로나 행복한 삶을 사는 성공한 사람들은 대부분 긍정적입니다. 우리가 하는 말과 생각에는 대단한 위력이 있기 때문입니다. 만약에 입으로 좋은 일이 생길 것이라 말하고 생각하면 그대로 실현되는 때가 많습니다. 여러분의 인생길도 여러분이 하는 말과 생각이 이끈다고 볼 수 있습니다. 여러분의 인생이 좋은 방향으로 가길 원하면 긍정의 에너지를 모아야 합니다.

물론 살다 보면 넘기 힘든 난관이 많습니다. 긍정적으로 말하고 긍정적으로 생각한다는 것이 얼마나 어려운가요? 이 세상에는 긍정적으로 말하고 긍정적으로 생각하는 사람이 많지 않지만, 세상을 움직이고 성공한 사람들은 긍정적인 소수의 사람입니다. 우리가 그 소수에 속하도록 긍정의 힘을 발휘하는 습관을 만들어야 합니다.

긍정적으로 말하고 만나며 겸손하라

특히 말이 중요합니다. 말은 여러분의 과거, 현재, 미래를 보게 됩니다. 남을 기분 좋게 하는 말, 긍정의 말을 하는 사람은 항상 긍정적이고 낙관적인 삶을 살게 됩니다. 만약에 남에게 상처 주는 말을 쉽게 하는 사람이라면 반드시 고쳐야 합니다. 말을 함부로 하는 사람은 자기 자신을 함부로 대하는 사람입니다. 자신을 함부로 대하는 사람은 미래가 행복하고 긍정적이기 어렵습니다.

긍정적으로 읽고 쓰고 말하는 습관을 가지세요. 성공한 사람들의 자서전이나 성공 지침서는 긍정의 에너지가 넘치고 '할 수 있다고 생각하면 이루어진다'는 경구로 독자들을 격려합니다. 우리도 긍정적 사고가 가득한 책을 읽어 마음을 긍정적으로 다잡아야겠습니다. 마음을 다잡는 방법 가운데 매일 아침 거울을 보는 방법이 있습니다. 거울을 보고 이렇게 외쳐보세요.

"나는 대단한 사람이야."

또 성공의 롤모델을 보면서 '나도 꼭 이런 사람이 될 거야' 하고 마인드컨트롤을 하는 것도 좋은 방법입니다.

그런데 긍정적인 사고방식을 유지하기 위해 좋은 습관을 만드는 것보다 더 중요한 것이 있습니다. 바로 부정적인 사람과 어울리는 횟수를 줄이는 것입니다. 부정적인 감정은 긍정적인 감정보다 전염성이 강해 여러분의 긍정 에너지가 방전되기 쉽습니다. '된다'고 생각하며 도전하고 노력하는 사람을 만나야 그들의 긍정 에너지를 받을 수 있습니다.

또 무엇이든 도전하는 이의 도전을 격려함으로써 우리도 '만나면 좋은 사람'이 되도록 힘써야 합니다. 주변에 긍정적인 사람이 많아지면 승승장구할 수 있습니다. 얼마 전 타계한 일본의 교세라 명예회장 고(故) 이나모리 가즈오는 그의 저서 《왜 리더인가》에서 인간의 본성을 이렇게 지적했습니다.

"일이 조금 잘되어 주위 사람들이 추어올리면 금세 마음이 해이해져 마치 실이 끊어진 연처럼 한없이 붕붕 떠다니는 게 우리 인간의 본성이다."

그는 인생의 길을 잘못 내딛는 원흉이 되는 것은 실패나 좌절이 아니라고 했습니다. 오히려 우리를 몰락시키는 것은 늘 성공과 칭찬이라 합니다. 긍정적인 마음으로 스스로를 격려하되 겸허한 마음을 가져야 합니다. 겸허한 마음은 부적과 같아 늘 성공과 칭찬이 자기에게 주어질 때 경계해야 한다는 점을 명심해야겠습니다.

회복 탄력성을 키우려면

'NO'를 거꾸로 쓰면 'ON'이 됩니다. 이는 생각을 바꾸는 순간 약점이 강점이 된다는 것을 상징합니다. 미국 세일즈계의 전설로 불리는 엘머 레터맨(Elmer Letterman)은 "세일즈는 거절당한 때부터 시작된다"라고 했습니다. 모든 사람이 다 안 된다고 포기할 때 '고(GO)'를 외칠 수 있는 사람이 마지막에 승리자가 됩니다.

또 우리가 실패하거나 좌절해 충격과 자책감에 빠졌을 때 가장 중요한 건 회복 탄력성(Resilience)입니다. 회복 탄력성은 여러분의 굴하지 않는 배짱과 마음의 지구력을 뜻합니다. 이를 위해서는 그 실패나 좌절이 나로 인해 생긴 것이라며 매일 자신을 자책해서도 안 되며, 이 모든 실패나 좌절은 곧 지나가는 일시적인 것이라는 생각을 해야 합니다. 그래야 회복 탄력성을 키울 수 있습니다.

회복 탄력성이 강한 사람은 과거가 아닌 미래를 향해 나갈 수 있습니다. 살다 보면 위기에 직면하게 되는데 회복 탄력성이 단련되어 있으면 좋은 사람을 만나거나 예기치 않은 기회가 생겨 뜻밖의 반전을 이룰 수 있습니다.

그래도 힘들고 어려울 때는 친구나 지인들의 도움을 받으세요. 함께 있으면 기분이 좋아지는 친구에게 전화를 걸어 약속을 잡으세요. 어려운 사정으로 의욕을 잃은 마음도 가까운 사람들의 도움으로 기운을 얻을 수 있게 됩니다. 이렇게 해서 스스로의 힘으로 세상이 살 만하다는 긍정의 힘을 되살려야 합니다. 모든 일은 우리 자신의 마음을 잘 다스릴 줄 아는 데서 출발합니다. 나를 다스릴 줄 아는 사람은 세상을 컨트롤하고 성공할 수 있습니다.

활력

여수 밤바다, 동백 숲에서 생긴 일

동백열차

송찬호

지금 여수 오동도는

동백이 만발하는 계절

동백열차를 타고 꽃구경 가요

세상의 가장 아름다운 거짓말인 삼월의 신부와 함께

오동도 그 푸른

동백섬을 사람들은

여수항의 눈동자라 일컫지요

우리 손을 잡고 그 푸른 눈동자 속으로 걸어 들어가요

그리고 그 눈부신 꽃그늘 아래서 우리 사랑을 맹세해요

만약 그 사랑이 허튼 맹세라면 사자처럼 용맹한

동백들이 우리의 달콤한 언약을 모두 잡아먹을 거예요

말의 주춧돌을 반듯하게 놓아요 풀무질과 길쌈을 다시 배워요

저 길길이 날뛰던 무쇠 덩어리도 오늘만큼은

화사하게 동백열차로 새로 단장됐답니다

삶이 비록 부스러지기 쉬운 꿈일지라도

우리 그 환한 백일몽 너머 달려가 봐요 잠시 눈 붙였다

깨어나면 어느덧 먼 남쪽 바다 초승달 항구에 닿을 거예요

● ○ ●

3월 여수 오동도는 동백꽃 천지입니다. 멀리서 보면 오동잎을 닮았다고 해서 오동도라 부르지만, 이름과 달리 섬에는 동백나무가 가득하지요. 3,000그루가 넘습니다. 동백은 아름다운 한려해상국립공원의 기점이자 종점인 이곳을 겨울부터 봄까지 온통 붉게 물들입니다. 오동도 동백꽃은 다른 곳보다 작고 촘촘해서 더욱 정이 가지요.

　송찬호 시인은 동백을 유난히 좋아합니다. 《붉은 눈, 동백》이라는 시집을 비롯해 〈동백〉, 〈동백이 활짝〉, 〈동백 등을 타고 오신 그대〉 같은 시를 줄줄이 썼죠. 동백에 몰입해서 몇 해 동안 여수까지 밤차를 타고 달려가기도 했습니다.

남쪽 바다 초승달 같은 항구에 핀 꽃

어느 해 봄, 그는 대전에서 기차를 타고 새벽녘 여수역에 내렸습니다. 날이 밝기를 기다려 '여수항의 눈동자'로 불리는 오동도로가 동백숲길을 걸었지요. 그에게 동백의 붉은빛은 '경이로움과 상서로움의 길상과 벽사의 뜻이 있는 듯' 보였습니다. 동백이 떨어져 내리는 걸 보면 그 생명의 맺고 끊음이 그렇게 단호해 보일 수 없었지요.

'저 속으로 고요하고 격렬하게 불타오르는 꽃을 어떻게 불러낼 수 있을까, 뚝뚝 모가지째 떨어지는 동백을 어떻게 문자로 받아낼 수 있을까.'

그는 동백에 동물의 역동성을 부여하고 싶었습니다. 그러자 동백이 그에게 설화의 세계로 다가왔지요. 그 꽃의 이미지에 여러 개의 동물적 이미지도 겹쳐졌습니다. 마치 남쪽 바다 다도해 어딘가에 잘 알려지지 않은 동백국이 있을 것만 같았죠.

그때 그가 떠올린 표현이 "사자처럼 용맹한 동백"과 "말의 주춧돌을 반듯하게 놓고" "풀무질과 길쌈"을 다시 배울 수 있는 살 만한 땅, "남쪽 바다 초승달 같은 항구"였습니다.

그의 상상력은 '사자'에서 '곰'으로 이어지기도 했죠.

"아빠, 동백은 어떻게 생겼어요/ 곰 아저씨처럼 무서워요?// 동백은 결코 땅에/ 항복하지 않는 꽃이란다/ 거친 땅을 밟고 다니느라/ 동백의 발바닥은 아주 붉지/ 그런 부리부리한 동백이/

앞발을 번쩍 들고/ 이만큼 높이에서 피어 있단다." (시 〈산경(山經) 가는 길〉 부분)

사자의 표상이 이빨과 갈기라면, 곰의 그것은 발바닥입니다. 곰에게 발바닥은 세계를 포착하는 삶의 안테나죠. 시인은 "노역의 뚝살이 박힌 두툼한 그의 앞발바닥에서 삶과 치열하게 대결하며 피어 있는 동백을 보았다"라고 말했습니다. 우리 눈높이에 핀 동백에서 "앞발을 번쩍 들고" 서 있는 곰의 발바닥을 떠올리는 시인의 감성과 눈빛이 농백꽃잎처럼 붉게 빛납니다.

그날 그는 여수 시내를 버스로 돌면서 진남관 앞을 지날 때 입속으로 이미자의 〈동백꽃 피는 항구〉를 웅얼거리곤 했다는데, 저도 곧 오동도에 가면 그 노래를 따라 부르며 송찬호 시인의 '사자'와 '곰' 이미지를 다시금 음미해봐야겠습니다.

꿈을 실어 나르던 통학 기차

저는 어렸을 때 중학생이 되면서 현재는 세종특별자치시에 속하는 전의면에서 대전으로 유학을 떠났습니다. 갑자기 새벽 통학생이 된 셈이었죠. 날마다 새벽 통근 열차에 몸을 실었습니다. 집에서 새벽 5시에 나가 학교에서 집으로 돌아오는 시간은 운이 좋은 날이면 저녁 9시입니다. 당시 통근 열차는 증기기관차로 석탄을 태워 증기를 동력으로 이용하는 완행열차로, 느리게 달리다 보니 거의 매일 기차가 연착하는 게 보통이었습니다. 그런 날은 주로 11시나 12시가 되어야 집에 들어오는 경우가 많았지요.

그러니 공부할 수 있는 시간은 학교에서 보내는 시간, 왕복 기차로 오가는 시간뿐이었습니다. 통근 기차에서는 주위에 신경을 쓰지 않고 열심히 공부만 했습니다. 특히 중학교에서 처음 배운 낯선 영어를 같은 반 친구가 줄줄 읽고 쓰는 것에 심한 충격을 받았던 터라 더욱 공부에 매진을 했지요.

"영어 책을 아주 열심히 보는구나."

고개를 들어보니 옆자리에 앉은 40대 중반의 아저씨가 저를 보고 있었습니다.

"아침마다 학교 가면서 공부를 아주 열심히 하더구나."

"제가 1학년인데 영어를 하나도 몰라서요."

"이제 입학했나 본데 앞으로 천천히 배우면 되지 않니?"

"저희 반에 박정규라는 애가 있는데 걔보다 영어를 더 잘하고 싶어서요."

제가 진지하게 대꾸하자 아저씨는 조용히 웃음을 지었습니다.

통근 기차 안에서 공부를 하고 있으면 여러 어른이 관심을 보였습니다. '너는 참 착하구나!', '나중에 훌륭하게 되겠다' 등등. 어른들이 인사처럼 건네는 말이지만 어린 저에게는 응원의 구호처럼 들렸습니다. 6개월쯤 영어 공부를 파고들어 마침내 박정규와 비슷한 성적을 받을 수 있었습니다. 그때는 얼마나 기뻤는지 모릅니다. 영어책을 보고 있는 저에게 말을 걸었던 아저씨를 다시 만났을 땐 신이 나서 자랑을 하기도 했습니다.

"그래, 계속 열심히 해라. 너는 크게 될 아이 같구나."

타인이 건넨 격려의 말 한마디 덕분에 고된 통학도 마치 여행처럼 느껴졌습니다. 지금 생각해보면 이때의 힘든 통학 행군이 지금의 저를 만들었다고 봅니다. 중학교 1학년부터 전의에서 대전으로 통학하던 습관 덕에 저절로 아침형 인간이 되었고, 이른 아침에 하루의 일과를 시작해 아침을 활용함으로써 성공적인 삶을 영위할 수 있었죠.

아침이 만든 작은 기적

일본인 의사 사이쇼 히로시(稅所弘)가 쓴《인생을 두 배로 사는 아침형 인간》이라는 책을 보면 아침형 인간에 관해 자세하게 알 수 있습니다. 인간은 전기가 없던 시절에는 일출과 동시에 일어나고 일몰과 동시에 잠자리에 드는 생활을 했습니다. 그러나 지난 100년간 문명이 발달해 밤 시간을 활용할 수 있게 됨에 따라 신체 리듬이 깨졌다고 합니다. 그렇게 보면 아침형 인간은 자연의 리듬에 따라 생활하는 사람이라고 할 수 있죠.

아침에 보내는 1시간은 낮에 보내는 3시간과 맞먹는다고 합니다. 아침을 잘 활용해서 새로운 것을 배우거나 아이디어를 내고 평소 하기 어려웠던 일을 하며, 정보 수집이나 운동을 하면 더 규모 있게 시간을 보낼 수 있습니다. 특히 아침에는 집중력과 창의력이 높아져서 적은 시간으로도 큰 효과를 얻을 수 있습니다.

대한민국의 경영인 가운데 근면 성실의 아이콘과 같은 인물이 있습니다. 바로 현대그룹 명예회장이었던 고(故) 정주영 회장입니다. 그는 새벽 3시에 일어나서 신문을 읽거나 해외에서 온 문서들을 검토하는 등 전형적인 아침형 인간이었습니다. 아침 식사를 매일 오전 6시에 가족과 먹는 것으로 유명하기도 합니다. 그러면서 아침 식사의 중요성을 임직원들에게도 강조했죠.

빌 게이츠도 새벽 3시에 기상하는 것으로 알려져 있고, 미국의 제너럴일렉트릭 회장이었던 잭 웰치(Jack Welch) 역시 오전 7시

30분부터 업무를 시작한 것으로 알려져 있습니다. 성공한 경영인들 가운데는 아침형 인간이 많습니다.

또 국민성이 유독 근면 성실한 국가도 있습니다. 대표적인 예가 스위스인데 스위스는 지정학적 위치와 자연 환경, 역사가 대한민국과 많이 비슷합니다. 스위스는 아주 작은 나라입니다. 인구는 780만, 면적은 남한의 40퍼센트에 불과합니다. 국토의 75퍼센트가 산과 호수이고 지하 자원도 없습니다. 뿐만 아니라 독일, 프랑스, 이태리, 오스트리아 4대국에 둘러싸여 외세 침략에 시달리며 살았습니다.

상황이 이러니 19세기 중반까지만 해도 스위스는 유럽에서 가장 가난한 나라였습니다. 소를 길러서 우유와 치즈를 생산하는 게 유일한 길이었죠. 이런 스위스를 일으킨 게 시계와 섬유입니다. 16세기에 종교 개혁 운동이 일어나고 박해받던 프랑스 개신교도 위그노들(Huguenots)이 박해를 피해 스위스로 도피했습니다. 그들에게 마침 시계 만드는 기술이 있었고, 스위스 국민들은 그들에게 시계 만드는 기술을 배웠습니다. 그리고 스위스 특유의 근면 성실함으로 1785년 2만여 명이 시계 산업에 종사하고 연간 9만 개의 시계를 만들었다고 합니다. 대단한 성실성이 아닐 수 없습니다.

시계 산업을 계기로 그들은 가파른 산에 관광 자원을 만들고 영국에서 방직 기계를 수입해 방직기를 만들었습니다. 방직기의 효율을 높이고자 세계 최초로 디젤엔진을 만들었죠. 그들은 끊임없이 기계 산업을 발전시켜 스위스 기계를 명품 브랜드로 탄생시켰습니다. 과거에는 최빈국이었지만 특유의 근면 성실한 국민성으로 세계에서 가장 부유한 국가 반열에 올라섰습니다.

성실한 자세가 활력을 만든다

저는 이렇게 근면하고 성실한 사람들의 이야기에 끌립니다. 사람들 중에 꿈을 이루는 과정에서 성실하게 임하지 않고 편법을 쓰는 사람들이 있습니다. 투기를 하거나 불로소득만 찾아다니는 사람들이 있죠. 이런 불성실한 사람 때문에 인명을 앗아가는 대형사고도 일어나고 사회의 근간이 흔들린다고 생각합니다.

근면한 사람은 어떤 일이든지 기본부터 착실하게 임합니다. 그들은 욕심부리지 않고 꾸준히 노력하는 것이 최고의 방도임을 알고 있습니다. 그래서 저도 늘 근면 성실한 자세로 살고자 합니다.

저희 동네에 있는 신문 배달국에서는 제가 아침형 인간이라 알고 있어서 다른 집보다 더 일찍 조간을 배달해줍니다. 아침에 신문 기사를 훑어보고 인터넷에서 정보를 탐색하고 아침 운동을 갔다 와서 아침 식사 후에 일과를 시작하죠. 모든 일정을 내가 계획한 대로 실천하다 보니 허둥대는 일이 없이 성공이 따라온 것 같습니다. 요즘은 성실보다 요행을 더 좋아하는 풍속이 강한데 저는 그 점이 매우 안타깝습니다.

운명

봄이 와도 봄 같지 않네

소군원(昭君怨)

동방규

오랑캐 땅이라 화초가 없어

봄이 와도 봄 같지가 않구나.

저절로 옷 허리띠 느슨해진 건

몸매를 가꾸기 위함이 아니라네.

胡地無花草 春來不似春 自然衣帶緩 非是爲腰身

● ○ ●

〈소군원〉은 당나라 시인 동방규(東方虯)가 쓴 시입니다. 그의 생몰
연대는 정확하지 않고, 측천무후 때 좌사(左史, 사관)를 지낸 사실
만 전해옵니다. 그러나 이 시 덕분에 후세에 길이 남는 시인이 됐

지요.

시의 주인공은 기원전 30년 무렵 한(漢) 원제의 궁녀였던 왕소군(王昭君)입니다. 양갓집 딸로 꽃다운 나이에 궁녀가 된 그녀는 절세미인이었죠. 훗날 서시(西施), 양귀비(楊貴妃), 초선(貂蟬)과 함께 중국 4대 미인으로 불렸습니다.

절세미인을 추녀로 그린 화가

원제는 이미 3,000여 명의 여인을 거느리고 있었죠. 그래서 궁중화가에게 새 궁녀들의 초상화를 그리게 해서 그걸 보고 간택했습니다. 궁녀들이 궁중화가에게 뇌물을 주며 잘 그려 달라고 부탁했는데, 뇌물 액수에 따라 미색이 달라졌다고 합니다.

그러나 왕소군은 그러지 않았죠. 결과는 뻔했습니다. 그녀의 초상화는 실물보다 못했죠. 얼굴에는 보기 싫은 점까지 찍혀 있었습니다.

어느 날 북방 흉노족장이 한나라 여인과 결혼하겠다고 청했습니다. 화친이 필요한 원제는 승낙했죠. 그때 낙점된 궁녀가 왕소군입니다. 그런데 작별 인사하러 온 왕소군을 본 원제는 깜짝 놀랐습니다. 그림과 달리 천하절색이었기 때문이죠.

'초상화 비리'를 알게 된 원제는 그 자리에서 화가의 목을 날려버렸지만 흉노족장과의 약속은 지켜야 했습니다.

'낙안(落雁)'과 '춘래불사춘'의 어원

오랑캐 땅으로 향하는 왕소군의 심정은 찢어지는 듯했죠. 아린 마음을 달래려 금(琴)을 연주했는데, 그 소리가 너무나 아름답고 처량했습니다. 날아가던 기러기 떼가 날갯짓을 잊고 떨어질 정도였다고 하지요. '낙안(落雁)'이라는 말이 바로 여기에서 생겼습니다.

그녀의 슬픈 이야기는 중국 문학에 수많은 소재로 쓰였습니다. 동방규의 시도 그중 하나죠. 이 시에 나오는 "춘래불사춘(春來不似春, 봄이 와도 봄 같지가 않구나)"이라는 구절이 특히 유명합니다. 낯선 이국에서 말도 통하지 않는 그녀의 외로움이 오죽했을까요. 황량한 땅이어서 꽃과 풀도 나지 않으니 봄은 왔으되 진정 봄 같지는 않았을 것입니다.

첫 두 구절의 의미를 뒤집어 새겨보면 또 다른 묘미를 느낄 수 있지요. 아무리 오랑캐 땅이라 해도 어찌 봄꽃과 풀이 없겠습니까. 다만 그녀의 마음이 삭막했을 것입니다. 시름으로 몸이 야위어 옷 띠가 절로 느슨해질 정도였으니 더욱 그랬을 테지요. 그런 점에서는 '오랑캐 땅이라고 화초가 없으랴마는/ 봄이 와도 봄 같지가 않구나'라고 해석하는 게 나을지도 모르겠습니다.

오늘은 궁녀, 내일은 오랑캐 첩

동방규에 이어 이백도 〈왕소군〉이라는 시를 남겼습니다.

왕소군이 백옥 안장 떨치고

말에 오르자 붉은 뺨에 눈물 흐르네.

오늘은 한나라 궁녀의 몸

내일 아침 오랑캐 땅 첩 신세로다.

昭君拂玉鞍　上馬啼紅頰　今日漢宮人　明朝胡地妾

이 시는 두 수로 구성돼 있는데 위의 시는 둘째 수입니다. 첫째 수에서 이백은 "살아선 황금 없어 초상화 잘못 그리게 하더니/ 죽어선 청총을 남겨 사람 탄식하게 하네(生乏黃金枉畵工 死遺靑塚使人嗟)"라며 안타까워했지요. 흉노 땅에 묻힌 왕소군 무덤의 풀이 겨울에도 시들지 않아 청총(靑塚)이라 했다는 얘기를 패러디한 것입니다.

당나라 시인들이 한나라 때의 왕소군을 그린 것은 그때도 주변 이민족과의 화친을 위해 공주를 시집보내는 일이 허다해 그것을 풍자하기 위함이었다고 합니다. 예나 지금이나 크게 다르지 않지요. '봄이 왔건만 봄 같지 않은' 시절입니다.

'운', '둔', '근' 인생

호암 이병철 삼성그룹 회장은 성공하는 데 필요한 세 가지 요소를 이야기했습니다. 바로 운(運), 둔(鈍), 근(根)입니다. 운은 운칠기삼(運七技三)이라는 말이 있듯이 성공하는 데 아주 중요한 요소입니다. 그리고 지성무식(至誠無息)의 우직함으로서 둔이 필요하고, 끈기로서 근을 가져야 성공한다는 것입니다.

여러분은 어떤가요? 행운의 여신이 노크할 때 즉시 문을 열어서 여신의 앞머리를 잡을 준비가 되어 있습니까?

매년 1월이면 미국 라스베이거스로 떠나는 사람이 많습니다. 1월의 라스베이거스에서는 사람과 돈, 기술이 모여 새로운 트렌드를 선보이는 세계 최대 전자쇼 'CES'가 열립니다. 매년 열리는 행사지만 매번 기대를 모으는 것은 내로라하는 스타트업에서 뜨거운 열정으로 만들어낸 결과물을 보면서 신선한 자극을 받을 수 있기 때문입니다.

저도 데이터 네트웍스 회사 CEO를 끝으로 평소 마음먹었던 스타트업을 경영하기로 마음을 굳혔습니다. 스타트업의 사이클은 창업해 기업을 성장시키고 인수합병(M&A)이나 기업공개를 통해 자본을 회수하고 재투자하는 것으로 이뤄집니다. 이 과정에서 창업과 성장 사이에 건너야 할 죽음의 계곡(Death-Valley)이 있죠. 아무리 좋은 제품을 개발해도 영업력과 마케팅이 앞서지 못하면 죽음의 계곡에 빠져 다시 회생하기 어렵습니다.

행복을 공유하는 회사

제가 시작한 첫 번째 벤처 기업은 무선 기술을 기반으로 CCTV를 연구, 개발해 제품을 생산하고 판매하는 토브넷(TOVNET)입니다. '토브(TOV)'는 히브리어로 '축하'와 '축원', '행운', '행복'을 뜻합니다. 토브넷은 '행복을 공유하는 회사'라는 의미로 지은 이름입니다.

토브넷의 주요 아이템은 무선 CCTV입니다. 많은 종류의 유선 CCTV가 소개됐지만 설치가 복잡하고 어려운 게 단점이죠. 그래서 소비자들은 비싼 CCTV를 구매하거나 장기간 고가의 렌털 서비스를 받아야 했습니다. 이처럼 불합리한 측면을 혁신하기 위해 소비자가 혼자 설치하고 언제든지 이동해 설치할 수 있는 무선 CCTV를 개발했습니다. 이른바 DIY(Do It Yourself) 제품인 셈입니다. 한마디로 '쉽게, 빠르게, 간편하게 설치하고 이용할 수 있는 신제품'인 것입니다.

마침 저는 1980년대부터 미국 AT&T 벨 연구소에서 무선 이동통신을 연구했습니다. 회사 대표와 임직원들도 우리나라에 무선 이동통신이 처음 들어왔을 때부터 무선 인터넷과 무선 영상통신 서비스 기술에 종사한 경력을 갖고 있었죠.

이렇게 축적한 경험과 기술을 기반으로 일반 소상공인과 가정에서 쉽고 편리하게 사용할 수 있는 제품을 개발했습니다. 무선 기술과 전구형 디자인을 적용한 탄소 중립 태양광 CCTV를 출시했고, 이것이 CCTV 대중화에 한 걸음 다가서는 초석이 될 것이라 자부합니다.

토브넷은 다행히 초기 5년간 연평균 20퍼센트 이상의 성장세를 유지할 수 있었습니다. 2017년에는 해외 사업의 초석을 다졌고 해외 신제품들을 소개하는 킥스타터와 인디고고 마이크로 펀딩 사이트에서 목표액 대비 약 1,500퍼센트의 투자 유치에 성공했습니다. 미국에서 2건의 특허를 등록하고 일본과 대만, 태국 등에서도 상품 인증을 획득해 수출 계기를 만들었죠.

죽음의 계곡을 넘어라

이후 세계 시장을 겨냥한 마케팅에 힘을 쏟았습니다. 국내 시장만 대상으로 해서는 성장에 한계가 있기 때문에 제품을 기획할 때부터 해외 판매가 가능하도록 준비를 했습니다. 그래서 토브넷 제품은 영어, 일본어, 아랍어 등 다양한 외국어로 제품을 소개하고, 스마트폰이나 컴퓨터 OS에서도 쉽게 사용할 수 있도록 배려

했습니다. 덕분에 북미, 남아메리카, 동남아, 아랍에미리트, 사이판 등의 해외 판로를 개척할 수 있었습니다.

물론 위기를 겪고 성장통에 아파하던 시기도 있습니다. 이른바 '죽음의 계곡'을 넘기까지 어려움이 많았죠. 세상에 없던 제품이었기 때문에 홍보에 큰 애를 먹기도 했습니다. 옛날과 달리 소비자들이 인터넷 유통 채널 등 다양한 구매 시스템을 활용하고 있기에, 이런 변화 속에서 수많은 유무선 사이트에 저비용으로 혁신적인 신제품을 알리는 과정은 매우 힘들었습니다. 특히 개발 제품의 출시 초기에는 원가가 매우 높은 경우가 많은데 인터넷에서 저가형 유사 제품과 경쟁하며 유통 대리점을 확보하고 판매하는 게 어려웠습니다. 그 또한 창업과 성장 과정의 일부라고 생각하며 잘 이겨낸 게 다행이라면 다행일까요.

가끔 인터뷰를 진행하는 자리에서 저에게 '성공 비결'을 묻는 경우가 있습니다. 저는 어려서부터 우직함과 끈기를 가지고 매사에 서두르지 않고 순리대로 일한 것이 성공을 부른 것 같다고 대답합니다. 성공도 습관입니다. 작고 단순한 것부터 성취하면 자신감이 생겨 다음 단계를 쉽게 해낼 수 있습니다.

— 4부 —

詩
格

리더의 시
리더의 격

'시'에서
발견한
삶의 지혜

+

'경영'에서
깨달은
일의 품격

가치

선물

나태주

하늘 아래 내가 받은

가장 커다란 선물은

오늘입니다

오늘 받은 선물 가운데서도

가장 아름다운 선물은

당신입니다

당신 나지막한 목소리와

웃는 얼굴, 콧노래 한 구절이면

한아름 바다를 안은 듯한 기쁨이겠습니다

● ○ ●

누구를 생각하며 쓴 시일까요. 얼핏 보면 어떤 여성에게 바친 사랑시 같지만, 이 시의 수신인은 남자입니다. 한 출판사 편집장인데, 나태주 시인의 말을 들어보죠.

"회갑을 넘기고 62세 교직정년 나이쯤 해서 시 전집을 내고 싶었는데, 고요아침이란 출판사와 얘기가 되어 작업에 들어갔습니다. 교정을 열 차례 이상 보았지만 그래도 오자가 계속 나오는 거예요. 그 출판사의 김창일 편집장이 전집을 편집했지요. 여러 차례 이메일과 전화를 주고받다가 마음으로 가까워졌고 그를 통해 여러 가지 들은 얘기가 있습니다."

무슨 얘기를 들었을까요? 그 편집장은 시를 읽다가 여러 번 컴퓨터 앞에 코를 박고 흐느껴 운 적이 있다고 했습니다. 동병상련의 슬픔이었겠지요. 그 이야기를 듣는 순간 시인의 가슴 속에서 울컥, 문장이 떠올랐습니다. 곧장 컴퓨터를 열어 그의 이메일 주소 아래 문장을 적어나갔죠. 그 문장이 바로 이 시입니다.

당신이 나에게 그럴 수 없이 아름다운 선물

시인은 이 시의 의미를 이렇게 설명합니다.

"선물은 공짜로 받는 물건이고 귀한 물건, 소중한 그 무엇입니다. 호되게 병을 앓거나 고난을 겪어본 사람은 압니다. 무엇보다도 먼저 하루하루 우리가 받는 지상의 날들이 선물입니다. 생명이 그 무엇과도 비길 수 없는 고귀한 선물입니다. 그런 다음에는 내 앞에 있는 당신, 가끔 말을 하기도 하고 웃기도 하고 투정도 부리는 당신이 나에게 그럴 수 없이 아름다운 선물입니다. 진작 이것을 깨달았어야 했던 것입니다. 그래서 당신의 나지막한 목소리와 웃는 얼굴과 콧노래 한 구절이 나에게 '한 아름 바다를 안은 듯한 기쁨'이 된다고 했습니다."

시인은 또 "그것은 슈퍼마켓이나 시장에서 돈 주고 사는 물건이 아니며 벽장이나 다락 속에 깊숙이 넣어둔 보물도 아니고 나에게 이미 있는 것들인데, 그걸 아낄 이유가 없으니 망설이지 말고 서로가 주고받아야 할 일"이라고 말합니다.

시인이 평소에 하는 말 중에도 이런 대목이 있어요.

"사람들은 기쁨이 부족해서 우울증에 걸리고 불행을 맛봅니다. 서로에게 선물이 될 때 하루하루 아름다운 세상이 열리고 천국에서 사는 날들이 약속될 것입니다. 죽어서 천국에 가는 사람은 살아서 이미 천국을 충분히 경험한 사람이라고 하지 않던가요."

교장선생님 시절 아이들과 풀꽃 함께 보며 쓴 시

그는 이처럼 일상의 평범 속에서 반짝이는 시의 부싯돌을 발견하는 시인입니다. 국민시로 사랑받는 시 〈풀꽃〉도 생활 속에서 건진 시편이지요.

"자세히 보아야/ 예쁘다// 오래 보아야/ 사랑스럽다// 너도 그렇다."

이 시는 초등학교 교장 시절 아이들과 풀꽃 그리기 공부를 하다가 해준 말을 그대로 옮겨 쓴 것입니다.

풀꽃 앞에 앉아 서투르게 그림을 그리는 아이들 모습은 그림 같습니다. 작은 풀꽃을 그리려면 눈을 바짝 갖다 대고 관찰해야 한다는 말을 듣고 아이들은 풀꽃을 자세히 들여다보며 "예쁘다"는 말을 연발하지요. 외로운 것 같지만 함께 모여 있는 모습이 보기 좋다면서 깔깔거리기도 하고요.

아이들이 모두 집으로 돌아간 뒤 그 모습을 하나씩 떠올리며 시를 써서 칠판에 적어놓고 흐뭇해하는 시인의 뒷모습 또한 오래 볼수록 더없이 아름답고 사랑스럽습니다.

모자라지 않은 노년의 가치

매가 부리를 깨고 발톱과 깃털을 뽑아서 제2의 생을 사는 것을 아십니까? 우리도 은퇴 후에 멋진 삶을 살기 위해서는 변화가 필요합니다. 변화는 쉽지 않습니다. 말 그대로 가죽을 벗겨내는 고통이 따르죠.

매는 보통 70년을 산다고 합니다. 그러나 매가 마흔이 넘으면 늙기 시작합니다. 부리가 길어지고 발톱에 힘이 빠져서 더 이상 사냥할 수 없는 늙은 매가 되고 맙니다. 매가 사냥을 잘하기 위해서 가장 중요한 것은 밝은 눈, 날카로운 발톱, 뾰쪽한 부리, 가벼운 깃털인데 이 기능이 40년을 쓰면 서서히 능력을 잃는다고 합니다.

이제 매는 남은 30년을 어떻게 살아갈 것인가를 고민해야 합니다. 다시 건강해지려면 선택을 해야 합니다. 젊게 거듭나기 위해서 혹독한 갱생의 길을 택해야 하는 거죠. 다시 태어나려고 결심하는 순간 매는 살던 둥지를 버립니다.

매가 새롭게 선택하는 장소는 놀랍게도 가장 높고 그늘지며 거친 암벽 틈입니다. 볕도 들지 않고 어두운 곳에서 매는 부리를 깹니다. 깨고 또 깨서 다 부서지고 나면 피가 멈추고 새로운 부리가 자라나기 시작합니다. 다음엔 자신의 눈을 쪼기 시작합니다. 늙어서 침침해진 눈을 쪼아 새로운 눈을 만들죠. 그러고는 발톱을 뽑습니다. 생 발톱을 뽑는 일이 얼마나 고통스러운지는 발톱을 너무 짧게 깎아서 아파 본 사람이라면 누구나 다 알 것입니다. 매는 그 처절한 고통을 참아가며 발톱을 모두 뽑아버립니다. 마지막으로 깃털을 새로 만들면 늙은 매는 젊은 매로 부활합니다. 이 과정이 자그마치 6개월쯤 걸린다고 합니다. 이렇게 해서 매는 남은 30년을 건강한 맹금류로 다시 살아갑니다.

제2의 인생을 잘 살아내려면

인간의 은퇴도 마찬가지가 아닐까요? 바퀴에 새 타이어를 끼우는 것이나 다름없습니다. 얼마 전 남해를 여행하며 바닷가에서 낙조를 보았습니다. 그 풍경이 너무도 황홀하고 아름다웠죠. '우리의 은퇴 후 인생도 저렇게 아름다워야 할 텐데' 하는 생각이 저절로 들었습니다.

인생이라는 무대에서 우리는 수많은 사연과 작품을 만들지 않았습니까? 이제는 그 삶이 무르익어감에 따라 더 이상 어리석은 삶을 살지 않도록 해야 합니다. 우리가 중요하게 생각하는 시기, 때는 시절 인연과 사람 인연을 가리킵니다. 그렇기 때문에 경전에서도 이렇게 가르칩니다.

"어리석은 사람은 자기가 잘할 수 있는 일을 하지 않고, 그와 반대로 자기가 할 수 없는 일을 하려 애쓴다. 그러나 지혜로운 사람은 자기가 할 수 없는 일을 하려 하지 않고, 자기가 잘할 수 있는 일을 열심히 갈고닦는다."

우리가 제2의 인생에서 행복하려면 가족이나 친구들과 잘 어울려 지내는 것은 필수입니다. 인화(人和)는 어떤 기회나 어떤 환경보다도 우리의 응어리를 해소시켜주니까요. 그래서 맹자도 "하늘이 내리는 좋은 기회가 땅이 주는 이로움만 못하고, 땅이 주는 이로움도 사람들의 화합만 못하다"라고 했습니다.

우리가 은퇴 후 제2의 인생을 잘 살기 위해서는 자기가 잘할 수 있는 일을 해야 합니다. 또 버릴 것은 버리고 뽑을 것은 뽑아내며 인화에 힘써야 합니다. 그래야 우리는 떳떳하고 보람 있게 멋진 노년의 인생을 살 수 있습니다. 제2의 인생에서 우리가 중요하게 생각할 것은 물질적인 풍요가 아닙니다. 이제 삶을 누릴 수 있는 시간이 많이 남아 있지 않았다는 것을 하루라도 잊지 말아야 합니다.

여유

급행열차를 놓친 것은 잘된 일이다

완행열차

허영자

급행열차를 놓친 것은 잘된 일이다.

조그만 간이역의 늙은 역무원

바람에 흔들리는 노오란 들국화

애틋이 숨어 있는 쓸쓸한 아름다움

하마터면 나 모를 뻔하였지.

완행열차를 탄 것은 잘된 일이다.

서러운 종착역은 어둠에 젖어

거기 항시 기다리고 있거니

천천히 아주 천천히

누비듯이 혹은 홈질하듯이

서두름 없는 인생의 기쁨

하마터면 나 모를 뻔하였지.

● ○ ●

열차는 기나긴 철로 위를 달리지만 언젠가는 종착역에 다다릅니다. 우리 인생길도 그렇지요. 그 여정에는 급행도 있고 완행도 있습니다. 세상의 소용돌이에 휩쓸려 급하게 달릴 때는 주변 풍경을 제대로 보지 못하지만, 속도를 늦추면 비로소 삶의 단면들이 하나씩 보입니다.

허영자 시인의 인생 여로도 그랬습니다. 그가 태어난 시기는 일제강점기였죠. 칼을 찬 일본 순사가 말을 타고 나타나면 아이들은 기겁해서 숨었습니다. 어른들은 놋그릇 공출 때문에 식기들을 땅속에 묻기 바빴지요.

시인의 고향인 경남 함양 손곡리는 지리산을 끼고 있는 마을이었습니다. 광복 이후 좌우 대립과 한국전쟁 때 빨치산 토벌 과정에서 숱한 비극이 이어졌지요. 손곡리는 전쟁 통에 마을 전체가 불에 타 없어졌고, 나중에 장항리로 이름이 바뀌었습니다.

완행길의 '누비질'과 '홈질' 원리

유년 시절부터 숨 가쁜 '급행의 속도'에 휩싸인 그를 차분하게 다독이고 어루만져준 것은 할머니와 어머니였지요. 그는 태어날 때부터 몸이 약했습니다. 어릴 때 동생을 잃은 뒤 무남독녀로 자랐죠. 그래서인지 지극한 사랑과 엄격한 훈육을 동시에 받으며 성장했습니다. 그 자양분의 뿌리에서 둥글고 완만한 '모성(母性)의 시학'이 싹텄지요.

그의 어머니는 현대사의 질곡 속에서도 "천천히 아주 천천히/ 누비듯이 혹은 홈질하듯이/ 서두름 없는 인생"의 의미를 그에게 일깨워줬습니다.

'누비질'은 옷감 두 겹 사이에 솜을 얇게 넣고 바늘로 촘촘히 꿰매는 일입니다. 손놀림이 섬세해야 하지요. 그러다 보면 세상 보는 눈도 그만큼 꼼꼼하고 세밀해집니다.

'홈질'은 두 옷감을 포개어 바늘땀을 위아래로 드문드문 잇는 일입니다. 이 또한 삶의 앞뒷면을 찬찬히 살피고 서로 포개어 깁는 자세와 닮았지요. 이렇게 손금 들여다보듯 자세히 관찰하면 인생의 내면 풍경이 속속 눈에 들어옵니다.

그의 대표작 중 한 편인 〈자수〉에도 이런 마음이 수놓아져 있습니다.

"마음이 어지러운 날은/ 수를 놓는다// 금실 은실 청홍실/ 따라서 가면/ 가슴속 아우성은 절로 갈앉고// 처음 보는 수풀/ 정갈한 자갈돌의/ 강변에 이른다// 남향 햇볕 속에/ 수를 놓고 앉으면/ 세사번뇌/ 무궁한 사랑의 슬픔을/ 참아 내올 듯// 머언/ 극락정토 가는 길도/ 보일 성싶다."

팔순 넘은 '유목의 시인'

박목월 시인의 추천으로 등단한 그는 2008년 제1회 목월문학상 수상 시집《은의 무게만큼》에서 어머니와 자신의 세월을 바느질처럼 촘촘하게 겹쳐 누볐지요. 그 시집 속의 시 〈은발〉에서 "머리 위에/ 은발 늘어가니/ 은의 무게만큼/ 나/ 고개를 숙이리"라고 노래한 원숙의 미학도 어머니로부터 체득한 덕목이었습니다. 그는 이 시집을 아흔두 살의 어머니에게 바쳤고, 어머니는 그로부터 2년 뒤에 돌아가셨습니다.

그는 늘 "예술과 모성은 한 뿌리에서 나왔다"라고 얘기합니다. 라이너 마리아 릴케(Rainer Maria Rilke)의 말처럼 "여성은 10개월 동안 태아를 품고 있기 때문에 아이의 무게만큼 인생의 무게를 알고, 그런 사람만이 진정한 사랑을 할 수 있다"는 것이지요. 그런 '모성의 시학'을 통해 그는 딸로서, 아내로서, 어머니로서, 선생(교수)으로서, 시인으로서의 인생길을 걸어왔습니다.

그는 "삶에서 가장 중요한 역할은 어머니이자 선생인데, 자식이건 제자건 누군가를 기르는 일은 가장 어렵기 때문에 가장 거룩한 일"이라 말합니다. 이런 깨달음은 '완행의 여정'에서 얻은 성찰의 결실이기도 합니다. 그가 '섬세한 필력으로 고도의 정제된 시를 노래하는 시인'이라는 호평을 받는 이유도 여기 있습니다.

'젊은 날 떫었던 내 피도 저 붉은 단감으로⋯⋯.'

벌써 여든이 넘었지만 그는 "오늘도 나의 재능을 회의하며 노력하는 유목(幼木, 어린 나무)으로서 한없이 겸손하게 한 획 한 점을 아껴가며 엄격하게 시 쓰는 일만이 내가 할 일"이라며 스스로를 낮춥니다.

이 또한 '완행열차를 탄 것은 잘된 일'이라는 그의 인생철학과 맞닿아 있지요. '늙은 역무원'과 '들국화' 사이에 "애틋이 숨어 있는 쓸쓸한 아름다움"까지 "하마터면 나 모를 뻔하였지"라는 구절이 그래서 더욱 속 깊게 다가옵니다.

내친김에 그의 완행 인생이 낳은 또 다른 명시 〈감〉을 한 편 더 소개합니다.

"이 맑은 가을 햇살 속에선/ 누구도 어쩔 수 없다/ 그냥 나이 먹고 철이 들 수밖에는// 젊은 날/ 떫고 비리던 내 피도/ 저 붉은 단감으로 익을 수밖에는."

속도보다 방향이 중요하다

인생에서 제일 중요한 것은 만남이 아닐까요. 산다는 것은 그 자체로 만남입니다. 아무도 만나지 않고 끝나는 인생은 없습니다. 노래 가사에서도 우리의 만남은 우연이 아니라고 하죠. 언제, 어디서, 누구를, 어떻게, 만나느냐에 따라서 인생이 달라집니다.

우리의 행복과 불행은 만남을 통해 결정된다고 해도 과언이 아닙니다. 인생에서 만남은 모든 것을 결정하니까요. 인생을 성공적으로 이끄는 가장 큰 원인 중에 하나가 그 만남에서 관계를 잘 만들어가는 것입니다. 진실한 관계는 우리 인생에서 가장 아름다운 일이며 진정 소중한 것을 지킬 줄 아는 비결입니다. 사람을 얻는 일이 인생에서 특히 중요합니다.

인생은 자동차 여행을 하는 것과 같습니다. 여행을 시작할 때는 목적지를 정하고 출발하지만, 여행 중에 목적지에 도착하기까지 선택해야 할 길이 수없이 많이 나옵니다. 목적지에 빨리 도착하고 싶은가요? 모두가 젊은 나이에 성공하고 싶어 합니다. 그러나 인생에서 중요한 것은 속도보다 방향입니다.

삶의 여유가 중요한 이유

우리는 살아가면서 수많은 길을 만납니다. 이때 어느 길을 선택하는지에 따라 성공 여부가 갈리죠. 그런데 빨리 성공하고 싶은 마음에 속도에만 집착하면 어떻게 될까요? 방향을 잃기 쉽습니다. 만약에 중요한 터닝 포인트를 만났을 때 무언가를 빨리 이루고 싶다는 생각에 안정적인 '쉬운 길'을 택한다면 그 사람의 인생에서는 큰 변화를 기대할 수 없습니다.

그렇지만 터닝 포인트를 만났을 때 도전하는 변화를 택한다면 인생은 크게 바뀔 것입니다. 바로 이러한 변화가 성공을 이끌어줍니다. 올바른 길을 선택하도록 하는 것이죠. 터닝 포인트에는 세 가지 요소가 있는데 바로 사람, 사건, 환경입니다. 이 세 가지 요소 중에 가장 큰 영향을 미치는 게 사람입니다. 사건이나 환경과 달리 사람 사이에는 유대관계가 형성되기 때문이죠. 그래서 독일 문학자 한스 카로사(hans Carossa)는 "인생은 너와 나의 만남"이라고 했습니다.

지금 어떤 속도로 인생을 여행하고 있습니까? 빨리 가기 급급해서 누구를 만나는지, 어떤 기회가 주어졌는지도 모르고 살지는 않습니까?

유튜브 CEO인 수잔 보이치키(Susan Wojcicki)는 '구글의 어머니'로 불립니다. 성공하기 전에 그녀는 스탠퍼드대학교 근처에 살고 있었는데 마침 구글 창업자 래리 페이지(Larry Page)와 세르

게이 브린(Sergey Brin)이 대학원 시절 창업을 하기 위해 차고를 찾고 있었습니다.

보이치키가 인텔의 마케팅 담당자로 근무하던 중에 출산을 위해 회사를 휴직하고 있었는데 페이지와 브린에게 차고를 쓰도록 기회를 주었습니다. 그 인연으로 보이치키는 1999년에 구글의 16번째 직원이 되었고, 마케팅 능력을 인정받아 구글이 유튜브를 인수할 때 CEO를 맡게 되었습니다. 이 얼마나 아름다운 만남입니까?

손수건 같은 만남

사람 사이의 만남에는 아름다운 만남도 있고, 만나면 안 될 만남도 있습니다. 아름다운 만남은 생명을 살리고 인재를 키웁니다. 가장 아름다운 만남은 손수건 같은 만남이죠. 손수건은 힘들 때는 땀을 닦아주고, 슬플 때는 눈물을 닦아주니까요.

우리는 어차피 혼자서 살아갈 수 없습니다. 타인과의 만남 속에 서로 돕고 도와주면서 살아가야 합니다. 상대방을 귀하게 여길 줄 알아야 서로 좋아하게 되고 좋은 만남을 통해 인생이 즐거워집니다. 우리는 살아 있는 동안 언제나 감각을 열어놓되 사소한 일에 화내거나 마음이 무너질 필요는 없습니다.

우리가 함께 여행하는 시간은 너무도 짧습니다. 인도의 격언대로 언젠가 우리는 떠나야 합니다. 이렇게 짧은 인생, 속도보다는 방향을 생각하며 매일 '사랑합니다', '고맙습니다', '건강합시다', '행복합시다'를 외치며 여유롭게 살아야 하지 않을까요?

아름다움

속 타는 저 바다 단풍 드는 거 좀 보아요

물미해안에서 보내는 편지

고두현

저 바다 단풍 드는 거 보세요.

낮은 파도에도 멀미하는 노을

해안선이 돌아앉아 머리 풀고

흰 목덜미 말리는 동안

미풍에 말려 올라가는 다홍 치맛단 좀 보세요.

남해 물건리에서 미조항으로 가는

삼십 리 물미해안, 허리에 낭창낭창

감기는 바람을 밀어내며

길은 잘 익은 햇살 따라 부드럽게 휘어지고

섬들은 수평선 끝을 잡아

그대 처음 만난 날처럼 팽팽하게 당기는데

지난여름 푸른 상처

온몸으로 막아주던 방풍림이 얼굴 붉히며

바알갛게 옷을 벗는 풍경

은점 지나 노구 지나 단감 빛으로 물드는 노을

남도에서 가장 빨리 가을이 닿는

삼십 리 해안 길, 그대에게 먼저 보여주려고

저토록 몸이 달아 뒤척이는 파도

그렇게 돌아앉아 있지만 말고

속 타는 저 바다 단풍 드는 거 좀 보아요.

● ○ ●

이 시에 나오는 물미해안이 어디냐고 묻는 분이 많습니다. 물미
해안은 제 고향 경남 남해에 있습니다. '독일마을'로 유명한 남해
물건리에서 미조항까지 가는 길, 두 지명의 앞 글자를 따서 지은
이름이죠.

부드럽게 휘어진 해안선이 아름다운 여인의 허리를 닮았습니
다. 그 낭창낭창한 곡선을 타고 미풍이 매끄럽게 흐르지요. 물건
리 바닷가의 초승달 같은 방풍림을 지나 은점, 노구, 가인포, 초전
해변을 따라가면 미조항에 닿습니다. 바닷바람을 받으며 그렇게
삼십 리를 가는 길이 물미해안도로이지요.

허리에 낭창낭창 감기는 바람을 밀어내며

이 길에서 '결핍이 완숙을 채운다'는 말을 떠올렸습니다. 돌아보면 저를 키운 8할은 '결핍'이 아니었나 싶습니다. 초등학교 3학년 때부터 우리 식구들은 남해 금산 보리암 아래의 작은 절에서 살았습니다. 중학교 1학년 때, 아버지는 옛적 북간도에서 얻은 병으로 세상을 떠났죠. 어머니는 절집의 허드렛일을 겸한 공양주 보살로 지냈습니다. 비승비속(非僧非俗)의 어중간한 삶이었지요. 제가 중학교를 마치고 먼 데 고등학교로 떠나자, 어머니는 이제 됐다 싶었던지 머리를 깎고 스님이 되셨습니다. 그리고 물건리에 있는 미륵암에 자리를 잡았지요.

그 암자는 방풍림과 너른 들판 가운데에 있었습니다. 기숙사에서 생활하던 저는 방학 때마다 이곳으로 '귀가'했죠. 1998년 초가을에 어머니가 돌아가신 뒤에는 '결핍'이 더 커졌습니다. 이젠 집도 절도 없고, 아버지와 어머니도 없었으니까요. 그 허허로움의 끝에서 건진 시가 〈물미해안에서 보내는 편지〉입니다. 해안길을 혼자 천천히 걷는 동안 물미해안이 또 다른 의미로 다가왔습니다. '어릴 때는 왜 몰랐을까. 남해안에서 가장 아름답다는 물미해안의 절경을 제대로 알아보지 못하고 이제야 비로소 발견하다니…….'

이곳을 아름다운 여인과 그리운 사람의 모습으로 재발견한 것은 행운이었죠. '가을'이라는 계절적 요소에 '노을'이라는 회화적 요소를 얹고, 그 화선지 위에 '그리움'이라는 색채를 입히니 시가 되었습니다. 어쩌면 자연이 제 몸에 붓을 대고 시를 써준 것인지도 모르지요.

수평으로 누워서 일어서는 시

'가을'과 '노을', '그리움'은 이 시를 관통하는 세 가지 색감입니다. 이는 "남도에서 가장 빨리 가을이 닿는/ 삼십 리 해안 길"과 "그대에게 먼저 보여주려고/ 저토록 몸이 달아 뒤척이는 파도", "그렇게 돌아앉아 있지만 말고/ 속 타는 저 바다 단풍 드는 거 좀 보아요"라고 말 건네는 사랑의 언어이기도 합니다.

얼핏 '달콤한 외로움'과 '관능적인 풍경'이 먼저 드러날 것 같기도 하지만, 행간에 젖어 흐르는 물기와 알 수 없는 결핍감이 함께 배어 나오는 그림이지요. 특별히 기교를 부리거나 일부러 행을 바꾸지는 않았습니다. 자연의 몸이 보여주는 걸 그대로 옮긴 것이죠. 다만 운율과 말맛을 다듬는 데에는 공을 많이 들였습니다.

이 시를 문예지에 발표하고 몇 달 뒤 파리로 1년간 연수를 떠났는데, 그해 가을 정진규 시인이 신문에 쓴 평을 보고 '수평으로 누워서 일어서는 시'의 의미를 뒤늦게 발견했습니다.

"거기가 어딘지 나는 모르지만 이 가을 그리로 떠나고 싶다. 가을은, 아니 단풍은 산의 것인 줄로만 알았는데 바다에서도 '멀미'를 할 지경이네. 해안을 돌아앉은 여성의 '흰 목덜미'로 보아낸 그 이미지도 새로운 탄생이다. 거기에 해안 삼십 리 길의 가을바람. 가을 햇살. 그것들의 '낭창낭창'과 '잘 익은'이 내보이는 말씀의 '몸'. 그 감성의 유약(柔弱)을 얼른 알아차린 수평선의 팽팽함. 그 남성적 추스름. 수평으로 누워서 일어서는 시." (중앙일보 '시가 있는 아침', 정진규, 2002년 10월 21일)

남해안 최고의 드라이브 코스

2005년 여름 이 시를 표제작으로 삼은 시집이 나왔고, 제10회 시와 시학 젊은시인상을 받게 된 뒤로 물미해안을 자주 찾게 됐습니다. 물미해안을 중심으로 남해금산과 노도(서포 김만중 유배지) 등을 둘러보는 문학기행 코스가 생긴 덕분이지요. 1년에 몇 번씩 서울에서 1박 2일 일정으로 문학기행팀과 동행했습니다. 그때마다 제 몸을 빌려 시 한 편을 낳게 해준 물미해안의 낭창낭창한 허리를 은근하게 안아보곤 했죠.

그 덕분인지 물미해안은 '남해안에서 가장 아름다운 드라이브 코스'로 이름이 났습니다. 어느 날부턴가 이곳을 찾은 연인들 사이에 '물미해안을 함께 드라이브하면 사랑이 이뤄진다'라는 전설(?)도 생겨 젊은 여행객이 유난히 많이 찾습니다. 가을 단풍철, 섬들이 "수평선 끝을 잡아/ 그대 처음 만난 날처럼 팽팽하게 당기는" 날에는 그곳이 더 그리워집니다. "허리에 낭창낭창/ 감기는 바람을 밀어내"는 삼십 리 물미해안, 그 바다에 단풍 드는 모습을 보며 좋은 사람들과 잘 익은 '완숙'의 가을을 함께 누리고 싶습니다.

말이 아름다워야 하는 이유

여러분은 어떤 사람을 보면 아름답다고 느낍니까? 저는 망설임 없이 언행이 바른 사람이 단연코 아름다운 사람이라고 생각합니다. 사람의 가치나 인품을 보여주는 것은 그의 스펙이나 재산, 용모가 아닙니다. 그가 평소 하는 말과 행동입니다.

맹자는 "말이 쉬운 것은 그 사람의 말에 대한 책임을 생각하지 않기 때문"이라고 했습니다. 한마디로 말을 통해 그 사람의 인격과 소양을 알 수 있는 셈이지요. 말은 그 사람 자체라고 할 수 있으니까요. 공자가 《논어》에서 말의 실천을 중요시한 것도 그 때문입니다. '믿을 신(信)'이 사람(人)과 말(言)로 구성된 것은 믿음은 그 사람의 말을 통해서 알 수 있다는 뜻입니다. 독설이나 비난을 일삼는 사람, 입만 열면 험담과 불만을 늘어놓는 사람 가운데 아름다운 사람이 있던가요? 독설로 흥한 사람, 투덜거려서 성공한 사람이 별로 없습니다.

남들이 내게 실망하는 까닭도 결국은 각각 서로에게 독화살처럼 쏟아낸 말 때문입니다. 우리는 말을 잘하거나 논리적이라고 해서 그 사람을 존경하지 않습니다. 그 사람의 말에 진정성이 있을 때 그의 생각과 뜻이 우리와 달라도 존중하게 됩니다. 서문에서도 언급했듯이 그 사람의 품성이 좋다고 할 때 '품(品)'은 '입구(口)' 세 개가 모여 생성된 말입니다. 그러므로 말이 쌓여서 그 사람의 품성이 되는 거지요.

말은 품성의 바로미터

우리는 어느 순간 표정도 말을 따라간다는 걸 알 수 있습니다. 남의 흉을 볼수록, 지적과 비난을 자주 할수록 그 얼굴은 어떻게 변합니까? 입매는 심술궂게 내려가고 눈매는 흉해집니다. 내가 내뱉은 말의 독화살은 자기의 표정마저 바꿔놓습니다.

우리는 각자의 취향과 의견이 다를 수 있음을 인정하고 절대로 무례한 말을 해서는 안 됩니다.

"이렇게 영양가가 풍부한 음식을 왜 안 먹는 거야?"

"이게 더 낫지 않니? 네 안목이 너무 저렴한 거 아니냐?"

혹시 이와 비슷한 말을 너무 자주 하지 않는지 돌아봐야 합니다.

그러고 나서 아름다운 말을 하려고 노력해야 합니다. 사람이나 사물의 아름다운 점, 장점과 매력을 찾아보세요. 처음에는 어렵게 느껴지지만 익숙해지면 어렵지 않습니다. 세상 모든 것에는 양면성이 있습니다. 두 가지 면 가운데서 내가 배울 점, 좋은 점만 찾아 칭찬해도 아름다운 사람이 될 수 있습니다.

우리가 쓰는 말을 바꾸면 얼굴의 표정이 바뀝니다. 아름다운 말을 쓰면 나이 들수록 주름살과 뱃살은 늘어나더라도 심술은 줄어들고 표정은 밝아집니다. 아침에 거울을 보면 바로 알 수 있습니다. 가능한 한 긍정적인 면을 보려 노력하고, 좋은 언어를 사용함으로써 심성을 성형수술해봅시다.

구차스럽지 않게 말하려면

또 말을 할 때는 '구차스럽지 않게' 해야 합니다. 구차스럽다는 말은 '말이나 행동이 떳떳하지 못하거나 버젓하지 못하다'는 뜻으로 반드시 해야 할 말을 하지 않는다든지, 해서는 안 될 말을 하는 것을 뜻합니다. 어떤 일을 성공시키려면 말을 제때, 제대로 할 줄 알아야 합니다.

《논어》에서 공자는 제자 자로에게 이렇게 타일렀습니다.

"군자는 말을 함에 구차함이 없게 하라(君子於其言 無所苟已矣, 군자어기언 무소구이의)."

말의 습관을 바꾸는 일은 절대 쉽지 않습니다. 마음을 먹는다고 해서 하루아침에 달라지지도 않습니다. 꾸준히 노력해야만 바꿀 수 있습니다. 상대방의 생각을 받아들이고 내 생각을 상대방의 생각과 맞추는 것이 중요한데, 이것이 바로 소통을 잘하는 길입니다. 내가 말하는 것을 상대방도 알고 있을 거라고 착각하는 오류인 '지식의 저주(The Curse of Knowledge)'에서 벗어나야 합니다.

지식의 저주는 우리가 어떤 일에 대해 제대로 알면 남에게 이를 잘 전달할 수 있지만 때로는 바로 그 지식이 소통을 어렵게 만들기도 할 때 쓰이는 말입니다. 지식의 저주에서 벗어나는 길은 상대방을 배려하려는 자세와 겸손한 마음에 있습니다.

마음

병산서원 배롱꽃 아래에서

병산서원에서 보내는 늦은 전언

서안나

지상에서 남은 일이란 한여름 팔작지붕 흩처마 그늘 따라 옮겨 앉는 일

게으르게 손톱 발톱 깎아 목백일홍 아래 묻어주고 헛담배 피워 먼 산을 조금 어지럽히는 일 햇살에 다친 무량한 풍경 불러들여 입교당 찬 대청 마루에 풋잠으로 함께 깃드는 일 담벼락에 어린 흙내 나는 당신을 자주 지우곤 했다

하나와 둘 혹은 다시 하나가 되는 하회의 이치에 닿으면 나는 돌 틈을 맴돌고 당신은 당신으로 흐른다

삼천 권 고서를 쌓아두고 만대루에서 강학(講學)하는 밤 내 몸은 차고 슬

푼 뇌옥 나는 나를 달려나갈 수 없다

늙은 정인의 이마가 물빛으로 차고 넘칠 즈음 흰 뼈 몇 개로 나는 절연의
문장 속에서 서늘해질 것이다 목백일홍 꽃잎 강물에 풀어쓰는 새벽의
늦은 전언 당신을 내려놓는 하심(下心)의 문장들이 다 젖었다

●　○　●

이 시에는 많은 이야기가 겹쳐 있습니다. 시인의 경험과 그 속에
깃든 사연이 종횡으로 엮여 있지요.

　어느 해 여름, 동료 시인들과 문학 순례를 떠난 시인은 안동 하
회마을 인근의 병산서원에 도착했습니다. 병산서원에는 붉은 목
백일홍(배롱나무) 꽃이 만발해 있었죠.

100일 가는 꽃, 백일홍

목백일홍은 꽃을 한 번 피우면 100일 이상 간다고 해서 '백일홍
(百日紅)나무'라 부릅니다. 오랫동안 사람들 입에서 '배기롱나무'
로 불리다 '배롱나무'가 됐죠. 이 나무는 붉은 꽃을 석 달 반 넘게
피워 올립니다. '열흘 붉은 꽃 없다'는 화무십일홍(花無十日紅)과
다르지요.

　그 비결은 한 송이가 오래 피는 게 아니라 여러 꽃망울이 이어
가며 새로 피는 데 있습니다. 아래로부터 위까지 꽃이 다 피는 데

에 몇 달이 걸리죠. 그래서 꽃말이 '변하지 않는 마음'입니다. 청렴한 선비의 상징이기도 하지요.

시인은 목백일홍 꽃이 붉게 핀 병산서원과 고즈넉한 만대루의 아름다움에 매료됐습니다. 서늘한 바람이 부는 그곳에 앉아 유장하게 흘러가는 하회 강물과 병풍처럼 버티고 선 절벽을 바라보다가 문득 강학에 힘 쏟던 한 선비를 떠올렸습니다.

"그 선비는 어쩌면 뒷방 늙은이처럼 게으르게 만대루에 앉아 그늘을 따라 옮겨 앉으며 침묵의 깊이를 관조했을지도 모른다. 밤늦은 시간이면 어둠 속에서 떠나보낸 늙은 정인의 이마가 물빛으로 차오르는 소리를 들으며 '하심'이란 단어를 생각했을 수도 있다."

이런 생각에 잠긴 것은 불같이 타오르는 꽃 때문이었지요. 시인이 어렸을 때 아버지는 집 뒷마당에 백일홍을 가득 심었습니다. 어느 날 아버지가 백일홍에 얽힌 전설을 들려줬지요.

옛날 어떤 어촌의 한 처녀가 이무기에게 제물로 바쳐질 운명이었는데 어디선가 용사가 나타나 이무기를 처치하고 처녀를 구해줬답니다. 보은의 뜻으로 혼인을 청하는 처녀에게 용사는 지금 전쟁터에 나가는 길이니 100일만 기다리면 돌아오겠다고 약속했지요. 만약 흰 깃발을 단 배로 돌아오면 승리해 생환하는 것이요, 붉은 깃발로 돌아오면 주검으로 오는 줄 알라고 말이죠.

100일 뒤 용사가 탄 배가 나타났으나 붉은 깃발이었습니다. 그

걸 본 처녀는 절망해서 그만 자결하고 말았습니다. 사실은 용사의 피가 흰 깃발을 붉게 물들인 것이었죠. 그 뒤 처녀의 무덤에서 꽃이 피어났는데, 백일기도를 하던 처녀의 넋이라 해 백일홍이라 불렀다고 합니다.

또 하나의 이야기는 그 전설 속에 투영된 할머니의 일생입니다. 어릴 적 시인은 할머니와 방을 함께 썼다고 해요. 할머니는 무서우면서도 엄격한 분이었죠. 결혼하고 얼마 되지 않아 출가해버린 남편을 대신해 집안 대소사를 다 감당하고 어린 아들을 돌봐야 했습니다. 시조부모와 시부모의 시묘살이까지 9년이나 했죠.

그래서 그런지 할머니는 늘 창가에 앉아 몽롱한 눈빛으로 밖을 지켜보곤 했습니다. 시인은 그 할머니의 등에서 깊은 슬픔의 그늘을 읽었습니다. 그 슬픔과 백일홍의 짙은 꽃 빛이 비극적으로 겹쳐졌지요.

꽃잎처럼 떨어지는 '하심의 문장'

그 백일홍은 배롱나무와 다른 국화과의 한해살이풀이긴 하지만, 시인의 눈에는 그 붉은 꽃이 병산서원의 목백일홍과 닮아 보였습니다. 이런 과정에서 선비의 절제와 할머니의 아픈 삶, 백일홍의 붉은 꽃잎과 침묵의 무게, 하회의 물결이 함께 어우러지고 그 경계의 접점에서 당대의 역사를 초월한 시 한 편이 탄생했지요.

병산서원은 하회마을에서 태어난 서애(西厓) 류성룡(1542~1607)을 기리는 서원입니다. 가장 눈길을 끄는 건물은 2층 누마루인 만대루죠. 강학과 휴식을 겸한 복합 공간입니다. 벽과 문이 없는 7칸의 누각 사이로 사시사철 다양한 풍광이 7폭 병풍처럼 펼쳐지지요.

만대루는 자연 경관을 건축의 구성 요소로 빌려온 '차경(借景)'의 으뜸 사례입니다. 그래서 서원 건축의 백미로 꼽히지요. 강당인 입교당 마루에 앉아 만대루와 어우러지는 풍광을 보는 맛은 무엇과도 견줄 수 없습니다. 그 뒤를 돌아 들어가면 배롱나무 고목들이 피워 올리는 붉은 꽃천지를 만날 수 있지요.

코로나 사태가 잠잠해지면 저도 병산서원에 가봐야겠습니다. 그곳에 먼저 닿았던 시인의 내밀한 사연과 만대루에서 강학하다 목백일홍 꽃잎을 새벽 강물에 풀어쓰던 '당신', 그 속으로 낙화처럼 내려앉는 '하심의 문장들'도 만나고 올까 합니다.

마음 한 조각 얻기

'빨리 가려면 혼자 가고 멀리 가려면 함께 가라'는 말이 있습니다. 저는 이 말에 전적으로 동의합니다. 왜냐하면 이 세상에 스스로 빛나는 별은 없으니까요. 한 사람이 성공하기 위해서는 주위 사람들이 그를 빛나게 해주어야 합니다. 여기서 주위 사람이라고 하면 부모님, 선생님, 친구가 될 수 있겠죠.

제아무리 유능하고 영향력이 있어도 이 세상에서 혼자 이룰 수 있는 것은 아무것도 없다고 봐야 합니다. 일례로 똑똑하고 잘났다고 해서 혼자 앞서가면 아무도 그를 도와주지 않습니다. 또 아무리 세상에 보탬이 되는 좋은 일을 하더라도 겸손하지 못해서 다른 사람의 미움을 사면 좋은 기회가 오지 않는 법입니다.

남이 나를 돕게 하는 것은 전부 내가 남을 얼마나 배려하느냐에 달렸습니다. 내가 더 많이 나누고 베풀다 보면 당장은 손해 보는 것처럼 느껴질 수 있습니다. 그럼에도 다른 사람과 마음을 나누면 나중에 더 큰 것을 받게 되고 더 큰 행복을 느낄 수 있죠. 자연스럽게 팀워크라고 부를 결속력이 생깁니다.

삼성그룹 이재용 부회장의 일화인데, 이 부회장도 마음을 나눔으로써 프로젝트를 성공시킨 일이 있습니다. 2021년 9월 삼성전자의 5G 장비의 공급 역량을 알아보기 위해서 미국의 이동통신 회사인 디시 네트워크의 창업자 찰리 에르겐(Charlie Ergen) 회장이 한국을 방문했습니다. 삼성전자와의 회의를 하루 앞두고 이 부회장은 에르겐 회장에게 서울 북한산 등반을 제안했습니다.

이재용 부회장이 등산을 제안한 이유

갑자기 왜 등산일까요? 이 부회장은 에르겐 회장이 등산 애호가인 걸 사전에 알고 있었던 것이지요. 에르겐 회장은 킬리만자로와 에베레스트 등 세계 명산을 등반할 정도로 등산 전문가라고 합니다. 그러니 서울에 온 김에 아름다운 북한산에 오를 수 있는 좋은 기회를 놓칠 리 없습니다.

이재용 부회장은 직접 차량을 운전해 에르겐 회장이 묵고 있는 호텔로 찾아가 그를 태우고 북한산까지 이동했다고 합니다. 이날 등산은 다섯 시간 동안 이뤄졌는데, 두 사람은 개인적인 이야기부터 삼성전자와 디시 네트워크의 협력 방안까지 폭넓고 깊이 있는 대화를 나눴다고 합니다. 이 부회장이 삼성전자의 통신 장비 경쟁력을 설득력 있게 전달했고 에르겐 회장도 열린 마음으로 이 부회장의 얘기에 귀 기울여, 등반이 끝났을 때는 삼성전자의 5G 장비 수주 규모가 1조 원 이상으로 결정되었던 것으로 알려졌습니다.

이 부회장의 일화를 보면 제가 동양시스템하우스 대표이사로 취임해 알리안츠제일생명 프로젝트를 검토하던 시기가 떠오릅니다. 처음 수주할 때 이 프로젝트는 규모도 작았고 적자가 뻔히 보였습니다. 대표이사로서 프로젝트 규모를 키우고 수익 모델을 만들어야겠다는 사명감을 강하게 느꼈습니다.

당시 알리안츠제일생명 CEO 미셸 캉페아뉘(Michel Campeanu) 사장과 친밀한 관계를 만들고 신뢰를 구축하는 게 급선무였습니다. 저는 캉페아뉘 사장과 인간적으로 친해져야겠다는 일념으로 자주 만나는 기회를 만들었습니다. 만날 때마다 그에게 동양시스템즈가 성공적으로 납기를 마치는 데 최선을 다하겠다는 약속도 했습니다.

캉페아뉘 사장은 반드시 한 달에 두 번은 직원들과 점심을 할 정도로 '직원과의 대화'를 통한 열린 사내 커뮤니케이션을 중시했습니다. 그와 신뢰가 구축된 후에는 더 깊은 대화를 나눌 수 있었는데, 그는 한국이 성장 잠재력이 매우 높은 나라라고 평가했습니다.

이렇게 한번 신뢰가 구축된 뒤로는 모든 게 순조로웠습니다. 동양시스템즈가 소프트웨어를 책임지고 개발하면서 프로젝트의 규모도 커졌고 그에 따른 매출과 이익도 크게 성장했습니다. 동양시스템즈는 그룹 의존도를 크게 낮추고 금융 솔루션을 특화해

외형 확장에 이룰 수 있었습니다. 그 결과 2001년 1월 코스닥에도 성공적으로 상장할 수 있었죠.

경영에도 사랑이 필요하다

다른 사람의 마음을 얻는 데서 더 나아가 경영 방식에 사랑을 접목한 예도 있습니다. 9명의 여성 직원과 함께 화장품 가게를 열어 연매출 24억 달러의 대기업으로 키워낸 메리 케이 애시(Mary Kay Ash)가 그 주인공입니다. 그녀는 '가장 여성다운 것이 가장 강한 것'이라는 슬로건으로 사업을 일궜고 성공했습니다.

"내가 일하는 것은 가족을 위해서입니다. 소중한 가족을 지키기 위함이지요. 그러다 보면 자연스럽게 최선을 다하게 되고 나아가 더 큰 목표도 갖게 됩니다."

애시 회장은 마더(Mother) 리더십, 러브 경영의 창시자입니다. 그녀의 리더십은 여성 리더십의 고전으로 인정받았습니다. 또 미국 〈포브스〉지가 그녀를 헨리 포드(Henry Ford), 빌 게이츠 등과 함께 '미국을 만든 비즈니스 영웅 20인'에 선정하기도 했습니다.

그녀는 어떻게 다른 사람의 마음을 얻었을까요? 그녀가 강조한 것은 두 가지입니다. 바로 인정과 칭찬이죠. 애시의 말에 따르면 세상에서 황금과 사랑보다 인간에게 더 간절하게 필요한 게 있는데 바로 인정과 칭찬이라 합니다.

여러분은 하루에 몇 번이나 남을 칭찬합니까? 나부터 동료, 후

배, 가족을 칭찬하지 못하면서 다른 사람의 인정과 칭찬을 바라지는 않는지요. 칭찬은 인류에게 햇빛과 같습니다. 햇빛이 없으면 꽃을 피울 수 없고, 성장할 수도 없습니다.

애시가 강조한 황금율(Golden Rule system of management)의 핵심은 '남에게 대접받고 싶은 대로 먼저 남을 대접하라'입니다. 남에게 인정받고 칭찬받고 싶다면 내가 먼저 남을 인정하고 칭찬할 줄 알아야 합니다.

출근해서 보고를 들으면 여러분이 원하는 대로 순조롭게 일이 진행되지 않습니다. 갑자기 화가 나고 누군가에게 책임을 묻고 싶습니다. 집에서도 마찬가지입니다. 아이들의 말투나 행동이 사사건건 마음에 들지 않습니다.

마음에 다른 사람을 향한 고마움은커녕 불만만 가득하다면 자신을 한번 돌아보세요. 내가 항상 같은 필터를 낀 채 세상을 바라보는 것은 아닐까요? 다른 사람을 칭찬할 여유가 없는 사람에게는 주변인들이 아무리 일을 잘해도 지적하고 혼낼 거리만 보일 뿐입니다.

마음 한 조각이 별 것 아닌 것 같지만 마음에서 모든 것이 시작됩니다. 속는 셈 치고 내가 받고 싶은 인정과 칭찬을 남에게 먼저 베풀어보시기 바랍니다. 그렇게 얻은 마음 한 조각이 크나큰 헌신으로 돌아올 겁니다.

비움

집착에서 벗어나려면

기심을 내려놓다(息機)

이색

이미 지나간 아주 작은 일들도

꿈속에선 선명하게 생각이 나네.

건망증 고쳐준 사람 창 들고 쫓아냈다는

그 말도 참으로 일리가 있네.

아내를 놔두고 이사했다는 것 또한

우연히 한 말은 아닐 것이라 싶네.

몇 년간 병든 채로 지내온 지금

기심(機心)을 내려놓는 것이 약보다 낫네.

往事細如毛　明明夢中記　操戈欲逐儒　此言殊有理

徙室或忘妻　非徒偶語爾　一病今幾年　息機勝藥餌

고려 말기 시인이자 대학자인 목은(牧隱) 이색(李穡)의 시입니다. 그는 포은(圃隱) 정몽주(鄭夢周), 야은(冶隱) 길재(吉再)와 함께 고려 삼은(高麗三隱)으로 추앙받은 인물이지요. 14세 때 성균시(成均試)에 합격한 수재였습니다. 원나라에서도 과거에 급제해 양국 관리를 겸할 만큼 재주가 뛰어났다고 합니다.

그런 그도 여말선초 격변의 역사 속에서 몇 차례나 유배와 추방을 당했습니다. 첫째와 둘째 아들이 살해되는 고통까지 겪었지요. 역성혁명에 협력하지 않아 한때 제자였던 정도전과 조준 등의 칼날 앞에 서야 했습니다.

건망증 고쳐준 사람을 쫓아내다니

새 정권의 권유를 뿌리치고 낙향했지만 아들들의 죽음 때문에 결국에는 깊은 병을 얻었죠. 시골집에 은거한 지 2년 만에 부인이 죽고, 그로부터 2년 뒤엔 그도 세상을 떠났습니다.

그가 남긴 시가 많지만, 그중에서도 〈기심을 내려놓다〉의 행간은 더없이 쓸쓸하고 애잔합니다. 마지막 구절 "기심을 내려놓는 것이 약보다 낫네"에 주제가 함축돼 있지요.

기심이란 무엇일까요? 기회를 보아 움직이는 마음, 책략을 꾸미는 마음을 말합니다. 옳으니 그르니, 좋으니 싫으니 따지는 마음을 내려놓고 정신을 쉬게 해야 비로소 온전한 자신을 발견할 수 있다는 얘기지요.

이 시에 건망증 얘기가 두 번이나 등장하는데, 건망증 고쳐준 사람을 창으로 쫓아냈다는 이야기는 《열자(列子)》 주목왕(周穆王) 편에 나옵니다.

송나라 화자(華子)는 건망증이 아주 심했지요. 어느 날 노나라 선비가 비방을 써서 병을 고쳐줬습니다. 기억력을 되찾은 그는 오히려 화를 내면서 처를 내쫓고 창으로 그 선비까지 쫓아냈습니다. 왜 그랬을까요? 이유인즉슨, 모르고 사는 게 약이었는데 나를 왜 번뇌의 바다에 다시 빠뜨렸느냐는 것입니다.

더 큰 비극은 자신을 망각한다는 것

아내를 두고 이사했다는 이야기는 《공자가어(孔子家語)》 현군(賢君) 편에 있습니다. 노나라 애공(哀公)이 공자에게 건망증이 심하면 이사하면서 처를 놔두고 온다는데 사실이냐고 물었습니다.

그러자 공자는 "그건 심하다고도 할 수 없다. 정말 심한 경우는 걸왕(桀王)처럼 자기 자신을 망각하는 것이다"라고 답했습니다. 자신을 망각하는 것에 비하면 그 정도는 건망증 축에도 못 낀다는 말로 도리를 잊고 처신을 잘못하는 것을 경계한 것이지요.

이색도 얼마나 심란했으면 그랬을까요. 건망증 고쳐준 사람에게 창을 휘두른 일이나 마누라를 두고 이사한 것처럼 자신도 얽히고설킨 세상사 다 잊고 싶다고 고백한 것입니다. 하긴 생각이 많은 게 병을 부르니 그 생각 자체를 쉬는 게 어떤 약보다 낫겠지요.

이색은 또 다른 시 〈차 달이는 일(煎茶卽事)〉에서도 "하얀 귀밑머리에 누가 기심을 잊은 자인가/ 흉중의 수많은 글 깨끗이 씻은 이로구나(髮絲誰是忘機者 淨洗胸中書伍車)"라고 노래했습니다.

그의 말처럼 하루에도 몇 번씩 뒤척이는 마음속의 집착과 세파의 근심을 맑게 씻는 것이야말로 최고 약이 아닐까 싶습니다. 그게 생각처럼 쉽지 않다는 것이 또 다른 문제이긴 하겠지만요.

낡은 것을 비우고 새것을 채우자

코로나19 대유행 이후 노멀은 사라졌다고 봐야 합니다. 앞으로 는 지속적으로 '정상적이지 않은' 현상들이 벌어질 것이고 우리 는 이를 '뉴노멀(New Normal)'이라 일컫습니다. 사람들의 예측을 깨고, 일어나기 전까지 대부분 사람은 생각하지도 않았던 일들이 계속 벌어지는 겁니다. 이렇게 정상적이지 않은 현상이 벌어지는 시대에서 기업의 전략은 경험이 많은 사람들을 통해 상황에 적응 하고, 해당 상황에서 훌륭한 성과를 내는 방향으로 바뀝니다.

지식이나 재주, 집중력과 노력으로는 도를 이룰 수 없습니다. 도를 얻으려면 반드시 욕심과 집착을 버려 마음을 비워야만 얻을 수 있죠. 이 이치는 경영 전략에도 적용됩니다. 경영에서도 마음 을 비워 객관적인 시각을 가져야 할 때가 있습니다. 예를 들면 바 둑을 두는 고수보다 관전하는 하수에게 수가 더 잘 보이는 경우 가 있습니다. 우리는 흔히 어떤 일에 지나치게 집착하는 사람에 게 '한걸음 물러서서 보라'고 충고합니다. 지나치게 집착하면 몸 이 굳어지고 마음이 조급해져 일을 이루기 어렵듯이 경영 전략을 세울 때도 마찬가지입니다.

경쟁에서 계속 우위를 유지하는 전략은 어떻게 세울 수 있을까요? 저는 가장 중요한 요소가 우수한 인재를 확보하는 것, 그리고 육성이라고 생각합니다. 고객을 응대하고, 소통하며, 고객 요청을 만족시키는 일을 누가 할까요? 바로 사람입니다. 서양 속담에 '전략이 아니라 사람에 배팅하라'는 말이 있습니다. 회사 가치를 만드는 게 사람이고, 사람을 위한 투자가 가장 중요한 경영 전략인 것입니다.

성장이냐, 정체냐

회사의 낡은 정책을 바꿔나가고 새로운 인재를 채용하는 것은 직원 개인의 성장뿐만 아니라 회사의 미래 전략을 위한 투자이기도 합니다. 세계적인 경영학자 피터 드러커도 이를 강조했습니다.

"기업 조직의 목적은 조직원의 강점을 강화하고 약점이 문제가 되지 않도록 인재를 관리 육성해야 한다."

1950년대 패스트푸드 산업을 일으킨 맥도널드 창립자인 레이 크록(Ray Kroc)은 또 어떻습니까. "만약 당신이 깨어 있다면 성장할 것이요, 그렇지 않다면 정체될 것이다"라고 했습니다. 크록은 페르시아 키루스 대제(Cyrus the Great)의 《키루스의 교육(cyropaedia)》을 읽고 키루스를 모델로 삼았습니다. 그의 이상을 벤치마킹했다고 합니다. 자동차에서 바로 식사하는 드라이브인

레스토랑은 크록의 머리에서 나온 혁명적 발상이었으며 덕분에 그는 패스트푸드 제국을 건설할 수 있었습니다. 크록은 비즈니스 중심에 항상 사람의 성장이 있어야 한다는 경영 전략을 강조했습니다.

삼성그룹 창업주인 이병철 회장도 '기업은 사람'이라는 말을 남겼습니다. 기업은 문자 그대로 업(業)을 기획(企劃)하는 것인데, 많은 사람이 기업을 경영하는 게 사람이라는 원리를 잊고 있는 것 같다고 했죠. 그래서 1980년 7월 3일 전국경제인연합회 강연에서는 이렇게 말했습니다.

"나는 내 일생을 통해 약 80퍼센트는 인재를 모으고 기르고 육성시키는 데 시간을 보냈다."

오늘날 삼성의 성공은 바로 인재 제일 경영의 자연스러운 결과입니다. 최고경영자의 시간과 관심을 가장 중요한 자원인 인재 확보와 육성에 집중 투자하는 것이 기업 성공 전략의 으뜸이라고 할 수 있습니다.

최고 인재를 확보하려면

그러므로 경영 전략을 수립하는 중요한 자리에 적합한 사람을 앉혀야 합니다. 지난 반세기 동안 우리가 배운 것은 역사적으로 불확실성은 되풀이되고 불안정성은 영원하며 붕괴는 흔하고 일어날 현상에 대해 섣불리 예측하거나 다스릴 수 없다는 점입니다.

코로나19 이후 근무 환경은 2021년을 기점으로 뉴노멀로 자리 잡을 것입니다. 미국 컨설팅 회사 맥켄지에 따르면 전 세계 9개국, 800개 직업군을 분석한 결과 전체 인력의 20퍼센트 이상이 앞으로 재택근무를 할 것으로 예측됩니다. 재택근무가 병행되는 시대에는 직원들의 신체와 정신의 건강을 최우선으로 생각하고 시대의 요구에 맞춰 변화하는 기업이 최고 인재를 확보할 수 있겠죠. 기술적인 진보도 적극적으로 채택하고 직원들의 생활을 존중하는 리더들이 새로운 기업 환경에서 지속 가능한 경영을 할 수 있습니다.

인생

왜 하필 남포에서 이별할까

임을 보내며(送人)

정지상

비 개인 긴 둑에 풀빛 짙은데

남포에서 임 보내며 슬픈 노래 부르네.

대동강 물은 어느 때나 마를꼬,

이별 눈물 해마다 푸른 물결 보태거니.

雨歇長堤草色多　送君南浦動悲歌　大同江水何時盡　別淚年年添綠波

● ○ ●

고려 시대 최고 서정시인으로 꼽히는 정지상(鄭知常)의 절창입니
다. 그는 어릴 때부터 시재(詩才)가 뛰어나서 5세도 되기 전에 주
변 사람들을 놀라게 했지요. 강 위에 뜬 해오라기를 보고 "어느

누가 붓을 집어/ 을(乙) 자를 강물 위에 썼는고"라는 시를 즉석에서 지을 정도였습니다.

이별의 정한을 노래한 이 시에서도 천재적인 감성을 보여줍니다. 제목은《동문선(東文選)》에 '송인'으로 기록돼 있지만,《대동시선(大東詩選)》에는 '대동강(大同江)'이라고도 적혀 있습니다.

봄비 그친 강둑 위로 "풀빛이 짙은데" 정든 임과 이별하는 가슴은 슬픔으로 미어집니다. 하염없이 흐르는 눈물이 강물에 떨어지니 대동강 물인들 마를 날이 있을까요. 참으로 슬프고도 아름다운 시입니다. 대동강 부벽루에 걸린 이 시를 보고 중국 사신들이 모두들 탄복했다고 하지요.

대동강 하류에도 남포가 있지만

그런데 헤어지는 장소가 왜 하필이면 남포(南浦)일까요? 어떤 사람은 대동강 하구에 있는 남포를 가리킨다고 말합니다. 한때 증남포, 진남포로 불렸던 곳이지요. 하지만 한시를 좀 아는 분들은 빙그레 웃음을 짓습니다. 남포는 중국 춘추 전국 시대 이후 거의 모든 시인에게 이별을 상징하는 정운(情韻)의 시어로 쓰였기 때문이지요.

정민 한양대 교수도《한시 미학 산책》에서 "남포라는 단어에는 유장한 연원이 있다"라고 설명했습니다. 그 연원의 끝에 중국 문학 사상 가장 오래되고 최고로 평가받는 시인 굴원(屈原)이 있습니다.

굴원은 기원전 300년 무렵에 쓴《구가(九歌)》중〈하백(河伯)〉에서 "그대의 손을 잡고 동으로 갔다가/ 남포에서 떠나보내네"라고 노래했지요. 이 구절을 보고 무릎을 친 후대 시인들은 실제로 헤어지는 포구가 동쪽이든 서쪽이든 북쪽이든 간에 모두 다 남포라고 읊었습니다.

중국 남조 시대 강엄(江淹)도 '별부(別賦)'에서 "봄풀은 푸르고/ 봄물은 초록 물결/ 남포에서 그댈 보내니/ 이 슬픔 어이하리"라고 노래했지요.

당나라 무원형(武元衡) 또한〈악저송우(鄂渚送友)〉에서 "강 위 매화는 무수히 지는데/ 남포에서 그댈 보내니/ 마음만 안타깝다"라고 했습니다. 당나라 시인 맹교(孟郊)의〈별처가(別妻家)〉중 "부용 꽃 새벽이슬 젖어 있는데/ 가을날 남포에서 헤어지누나"도 마찬가지이지요.

"그대여 뒷기약 잊지 마시게"

정지상이 쓴 같은 제목의 또 다른 이별시〈임을 보내며(送人)〉에도 남포가 등장합니다.

"뜰 앞에 나뭇잎 지고, 마루 밑 벌레 슬프네/ 홀홀이 떠나는 것 말릴 수 없네만, 유유히 어디로 가는가/ 한 조각 마음은 산 다한 곳, 외로운 꿈엔 달 밝을 텐데/ 남포에 봄 물결 푸르를 때, 그대여

뒷기약 잊지 마시게(庭前一葉落 床下百蟲悲 忽忽不可止 悠悠何所之 片心山
盡處 孤夢月明時 南浦春波綠 君休負後期)."

떨어지는 나뭇잎과 벌레 소리에 빗대 정인을 보내는 슬픔을
노래한 시입니다. 산이 다한 곳까지 함께 가고 싶은 마음이 굴뚝
같고, 이별한 뒤 외로이 꾸는 꿈이 밝은 달빛 같은 것이라며, 잊
지 말고 다시 만나자는 약속을 부디 어기지 말라는 기원까지 담
았지요. 떠나는 것에 대한 슬픔이 큰 만큼 다시 만날 희망도 간곡
합니다.

가을에 이별하며 봄에 만날 것을 기약하는 심정이 구구절절
가슴에 와닿습니다. 헤어지고 다시 만나는 데에 계절의 구분이
따로 있겠습니까만, 자연의 이치처럼 잎이 지면 그 자리에 언젠
가 새잎이 돋겠지요.

바쁘게 사느라 잊고 지내다가 불현듯 생각나는 사람이 있습니
다. 그 사람의 마음 뿌리에서도 그리움의 싹이 자라고 있겠지요.
이별할 때 맺은 뒷기약처럼 그곳에서 붉게 피어날 봄꽃을 기다리
는 마음 또한 애틋하고 정겹습니다.

실패에서 배우자

우리 삶에 지대한 영향을 미치는 것은 행복이 아닙니다. 그보다 뭔가 잘못되었던 순간, 실패했을 때가 훨씬 더 중요합니다. 잘못된 실패를 바로잡으면 우리는 한 단계 더 높고 더 멀리 인생을 내다볼 수 있습니다. 우리가 살면서 깨우치는 것은 기쁠 때는 배울 게 없지만 슬프고 고통스러울 때는 많이 배운다는 사실입니다. 고통과 슬픔은 우리 인생을 한 단계 승화시키는 기폭제이기 때문입니다. 그러나 어느 누가 행복과 기쁨 대신에 고통과 슬픔을 원할까요? 이게 바로 얄궂은 삶의 아이러니이죠.

마찬가지로 승리했을 때도 크게 배우는 게 없습니다. 처절한 패배 가운데 자신의 패인을 생각하고 분석해 배우는 게 많아집니다. 그러나 실패는 우리의 자존감과 의욕까지 완전히 잃어버리게 하는 경우도 많습니다. 소설가 알베르 카뮈(Albert Camus)는 "절망에 습관이 들어버린다는 것은 절망 그 자체보다 더 나쁜 것"이라고 했습니다. 그러니 인생에는 고난은 있어도 절망이 습관이 되는 일은 없어야 합니다.

흔히 '잘되면 내 탓이요, 잘못되면 조상 탓'이라고 합니다. 이제 우리는 '잘되면 조상 탓이요, 잘못되면 내 탓'으로 사고를 전환해야 합니다. 인생에는 영원한 승리도 영원한 실패도 없습니다. 실패 때문에 포기해버리면 영원한 실패자가 되지만, 실패를 통해 교훈을 얻는 사람은 깊은 영혼을 가진 강인한 사람이 됩니다.

파리가 황소로 보이면 쏘시오

옛날 중국에 한 유명한 궁사가 있었습니다. 그는 활을 쏘면 백발백중이었습니다. 중국 전역에서 그에게 활 쏘는 법을 배우겠다고 사람들이 구름같이 몰려올 정도였죠. 그러나 그 궁사는 제자들에게 아무것도 가르쳐주지 않고 연습만 하라고 했습니다. 그렇게 한참이 지나고 그 궁사는 문 창호지에 바늘만 한 구멍을 뚫었습니다. 문밖에 파리 한 마리를 매달아놓고는 제자들에게 이렇게 말했습니다.

"바늘구멍으로 저 파리가 황소만 하게 되어 튀어나올 때까지 보고 또 보시오."

매일 그것만 바라보다가 어느 날 파리가 황소만 하게 보이면 활을 쏘라고 했습니다. 정신일도 하사불성(精神一到 何事不成), 즉 정신을 한곳에 집중하면 어떠한 어려운 일이라도 성취할 수 있다는 가르침을 준 것입니다.

인생은 정해진 법칙대로 굴러가는 법이 없습니다. 살다 보면 벌어지는 일들을 수습하게 되고 새로운 가능성과 새로운 길을 찾게 됩니다. 우리는 언제나 변화에 대처해왔고 새로운 방법을 찾아왔습니다.

바다에 빠졌을 때 한 가지 사는 방법을 바다에 익숙한 사람들은 잘 압니다. 누운 채로 몸에 힘을 쭉 빼고 편안한 자세로 있는 것입니다. 죽을지도 모른다는 공포심 때문에 온몸이 뻣뻣하도록 힘을 주는 것보다 힘을 빼는 것이 수백 배는 더 어렵습니다. 하지만 살기 위해서는 힘을 빼야 합니다. 그리고 몸이 스스로 떠오를 때까지 자신을 가만히 두고 몸이 떠오른 다음에 주변에 붙잡을 것을 구하고 육지가 어디에 있는지 확인하고 나가야 살 수 있습니다.

우리는 일상에서도 소소한 성공과 실패를 반복합니다. 항상 어떤 일에 대해 단번에 성공할 것을 기대하고 실패하면 크게 실망하지 않습니까? 그러나 실망할 필요가 없습니다. 이번에 실패했으면 다음에 성공하면 됩니다.

반대로 이번엔 성공해도 다음엔 실패할 수 있습니다. 이런 마음가짐으로 자주 시도하고 실험하는 것, 재빨리 실패하되 현명하게 실패하는 것, 이 실패를 교훈 삼아 새로운 전략과 해법을 찾아 다시 시도하는 것, 이 과정을 반복하는 것이 중요합니다.

이 과정을 반복하면 우리의 인생은 조금씩 실패에서는 멀어지고 성공에 가까이 다가가게 됩니다. 고통과 고뇌를 모르고 성공한 사람은 한 번 넘어지면 일어나기 힘들지만 수많은 고통을 이겨내며 성공한 사람은 넘어져도 곧바로 일어설 수 있는 용기와 능력이 있습니다. 인내와 영혼을 노래한 시인 윌리엄 어니스트 헨리(William Ernest Henley)는 시 한 구절로 우리에게 희망을 줍니다.

'나는 내 운명의 주인이며, 내 영혼의 선장이다.'

주어진 일을 깨끗하고 신속하게 하는 사람

성공한 사람들의 공통된 특징은 지금 하는 일에서 최선을 다한다는 점입니다. 과거의 성공을 내려놓고 현재의 일을 붙잡는 것이 성공의 기술입니다. 성공은 과거와의 결별에서 찾아옵니다. 성공한 사람들은 다른 사람들이 하찮은 일이라고 기피하는 일에도 즐거움을 느끼고 성과를 창출합니다. 항상 더 나은 방법을 고민하며 지금 하는 일에서 배우려 하며 그 과정 자체를 배웁니다. 자신에게 주어진 일이라면 그게 아무리 작고 하찮은 일이라도 누구보다 깨끗하고 신속하게 즐겁게 하는 사람이 성공합니다.

지난 2020년 여름에 국방전우신문사에서 논설위원 일을 마치고 용산역 용사의집 근처 식당에 들른 적이 있습니다. 먹고 싶은 메뉴를 주문하니 그 메뉴는 재료가 떨어져서 주문할 수 없다고 했습니다. 종업원 말에 난감해하고 있는데 식당 사장님이 대체 메뉴를 만들어드릴 테니 앉으라고 했습니다.

맛있게 식사를 마치고 순발력 있게 응대해준 사장님을 칭찬했습니다.

"입소문 많이 내드리겠습니다. 성공하세요."

그러자 사장님이 말했습니다.

"저도 오랜 음식점 경영을 실패하면서 깨달았습니다."

매우 고마워하는 사장님의 인사를 받으며 기분 좋게 밖으로 나왔습니다. 찾아온 손님을 놓치지 않으려는 사장님의 적극적인 행동에 감동을 받았습니다. 돈을 많이 번 사람들, 크게 성공한 사람들, 자기의 꿈을 실현한 사람들은 인생을 바라보는 시점이 다르고 행동이 다르며 고객에게 주는 감동이 다릅니다. 인생의 진정한 묘미를 깨달은 사람의 내공을 느낀 순간이었지요.

해학

연애편지에 은행잎을 붙이는 까닭

은행나무 부부

반칠환

십 리를 사이에 둔 저 은행나무 부부는 금슬이 좋다

삼백 년 동안 허운 옷자락 한 번 만져보지 못했지만

해마다 두 섬 자식이 열렸다

언제부턴가 까치가 지은 삭정이 우체통 하나씩 가슴에 품으니

가을마다 발치께 쏟아놓는 노란 엽서가 수천 통

편지를 훔쳐 읽던 풋감이 발그레 홍시가 되는 것도 이때다

그러나 모를 일이다

삼백 년 동안 내달려온 신랑의 엄지발가락이 오늘쯤

신부의 종아리에 닿았는지도

바람의 매파가 유명해진 건 이들 때문이라 전한다

●　○　●

은행나무에는 암수가 따로 있지요. 암나무는 수나무에서 날아온 꽃가루를 받아야 열매를 맺습니다. 열매도 수십 년 자란 암나무에만 열립니다. 어린 묘목으로는 암수를 구별하기 어렵죠.

　은행나무를 공손수(公孫樹)라고 부르는 까닭도 여기에 있습니다. 나무가 자라 열매를 맺기까지 수십 년이 걸리기에 할아버지가 심은 뒤 손자 때에야 열매를 보니까요.

괴테를 매혹시킨 은행잎의 비밀

한자로 '은행(銀杏)'은 '은빛 살구'를 의미합니다. 열매가 살구를 닮아서 그렇게 불렀다고 해요. 전 세계에 1종 1속만 있고, 가장 오랜 역사를 지닌 식물이어서 '살아 있는 화석'으로도 불립니다.

　유럽 사람들은 18세기 초까지 은행나무가 무엇인지 몰랐다고 합니다. 원산지인 중국에서 한국을 거쳐 일본으로 전래된 은행나무의 후손을 한 독일인 의사가 일본 근무 후 귀국할 때 갖고 간 뒤 유럽에 퍼졌지요.

　독일 시인 요한 볼프강 폰 괴테(Johann Wolfgang von Goethe)는 은행나무에 흠뻑 매료됐습니다. 그는 정원에 심어둔 나무를 유심히 관찰하면서 생육 과정을 일일이 기록했지요. 그중에서도 부채

모양의 잎에 특별히 관심을 가졌습니다. 나무가 어릴 땐 부채꼴의 절개선이 거의 보이지 않지만, 시간이 지나면서 점차 선명해져 두 개의 잎처럼 보이는 데 주목했지요.

그는 1815년 가을, 연인에게 쓴 편지에 〈은행나무 잎〉이라는 시를 쓰고 은행잎 두 장을 함께 붙여 보냈습니다. 시 첫머리를 "동방에서 건너와 내 정원에 뿌리내린/ 이 나뭇잎엔/ 비밀스런 의미가 담겨 있어/ 그 뜻을 아는 사람을 기쁘게 한다오"라고 시작한 그는, "둘로 나누어진 이 잎은/ 본래 한 몸인가?/ 아니면 서로 어우러진 두 존재를/ 우리가 하나로 알고 있는 걸까?"라는 질문으로 호기심을 자극했지요.

그런 다음 자신의 속마음을 전했습니다. "이런 의문에 답을 찾다/ 비로소 참뜻을 알게 되었으니/ 그대 내 노래에서 느끼지 않는가/ 내가 하나이며 또 둘인 것을."

둘로 갈라진 은행잎에서 '서로 어우러진 두 존재'의 합일을 발견하고 기뻐하는 그의 표정이 눈에 선하지요? 암수가 다른 은행나무의 수태 과정을 '둘로 나누어진 한 몸'의 의미와 접목한 감성이 남다릅니다.

반칠환 시인은 이보다 더한 사랑 이야기를 시로 승화시켰습니다. 괴테가 은행잎에 주목했다면, 그는 은행알과 뿌리에 초점을 맞췄지요. 그래서 "십 리를 사이에 둔" 은행나무 부부가 "삼백 년 동안 허운 옷자락 한 번 만져보지 못했지만/ 해마다 두 섬 자식이 열렸다"고 첫 연을 시작합니다.

둘을 이어준 것이 "까치가 지은 삭정이 우체통"과 그 속에 쌓인 수천 통의 '노란 엽서'라니, 동심과 연심을 자유롭게 넘나드는 시인의 상상력이 시공의 경계를 초월하는군요.

2연 끝의 "편지를 훔쳐 읽던 풋감이 발그레 홍시가 되는 것도 이때"라는 묘사는 곧 "삼백 년 동안 내달려온 신랑의 엄지발가락이 오늘쯤/ 신부의 종아리에 닿았는지도" 모를 일이라는 발칙한 반전으로 이어집니다.

땅속뿌리에서 일어나는 '내통'의 비밀스런 역사는 "바람의 매파가 유명해진 건 이들 때문이라 전한다"는 마지막 구절의 능청 덕분에 더욱 찰진 맛을 선사하지요.

숲 해설가가 된 시인의 동화적 상상력

이 같은 시인의 감수성은 어디에서 비롯됐을까요. 그는 유년 시절을 인적 드문 숲속 외딴집에서 보냈습니다. 봄에는 진달래꽃을 따 먹고, 가을에는 코스모스로 바람개비를 돌렸으며, 자욱한 살구꽃 분홍 구름에 마음이 설레곤 했지요. 사람의 말을 배우기 전에 꽃의 언어를 먼저 배웠으니, 많은 시인과 예술가처럼 그의 영감의 원천은 숲이 아니었나 싶습니다.

그는 40대에 '옛 은사를 찾는' 마음으로 숲 해설가 양성 기관을 찾았고, 마침내 숲 해설가가 됐습니다. 시인이 들려주는 숲 해설 앞에서 사람들은 아이처럼 귀를 쫑긋거립니다.

그는 "숲 해설을 하면서 느낀 점 가운데 하나는 어린 시절 숲 체험을 한 세대와 그렇지 않은 세대의 감수성에 뚜렷한 차이가 있다는 점"이라고 말합니다. 앞의 세대는 들꽃 한 송이만 봐도 절로 감탄사를 터뜨리는데 뒤의 세대에겐 그저 붉은 건 꽃이요, 푸른 건 잎일 뿐이라는 얘기이지요. 이에 대해서는 "꽃과 나무를 노래한 시를 낭송해도 그들에게는 머릿속에 이미지를 떠올릴 선체험이 없기 때문에 감동이 덜하다"고 설명합니다.

그는 어릴 때의 선체험이 얼마나 중요한지를 강조하면서 자신의 시도 "유년 시절 숲이 불러준 것을 받아 적었을 뿐"이라고 겸손해하지요. 그가 맛깔스런 풍자와 해학으로 현대 문명을 비판하면서도 어린이와 같은 동화적 상상력으로 우리를 어루만지는 것 역시 자연과 인간이 하나 되는 세상을 꿈꾸기 때문입니다.

내친김에 그의 짧은 시 한 편을 덧붙입니다. 제목은 〈웃음의 힘〉입니다.

"넝쿨장미가 담을 넘고 있다/ 현행범이다/ 활짝 웃는다/ 아무도 잡을 생각 않고 따라 웃는다/ 왜 꽃의 월담은 죄가 아닌가?"

유머와 인생

우리는 현재를 살면서도 온전하게 이 순간을 살지 못합니다. 과거의 고통에 얽매여 아파하고 오지 않은 미래 때문에 불안해합니다. 그러나 세상은 우리가 생각하는 것처럼 고통스러운 곳이 아닙니다. 우리가 기쁨을 생각하면 기쁨이 찾아오고, 슬픔을 생각하면 슬픔이 찾아옵니다. 생각이 우리를 만드는 거죠. 현재의 우리 행동이 우리의 미래를 결정합니다.

지나간 일에 미련이나 원망을 두기보다 남아 있는 삶에 집중해야 합니다. 주위 인연들에 정성을 기울이는 게 아주 중요합니다. 그렇게 하기 위해서는 현재 처한 상황이 어렵더라도 우리 마음이 그곳에 머물지 않도록 유머를 가져야 합니다.

천재 희극배우로 유명한 찰리 채플린(Charles Chaplin)은 "인생이란 가까이에서 보면 비극이고, 멀리서 보면 희극"이라 했습니다. 1930년대 대공황과 제2차 세계대전이라는 비극도 희극으로 승화시켰습니다. 우리 삶에서 유머가 왜 중요할까요? 유머는 다정하고 온화하며 지친 마음에 행복을 주기 때문입니다. 유머는 우리에게 주어진 큰 선물입니다.

일반상대성이론으로 노벨 물리학상을 수상한 알베르트 아인슈타인(Albert Einstein)도 유머의 중요성을 누구보다 잘 알았던 현인입니다. 어느 날 운전기사가 아인슈타인에게 말했습니다.

"박사님, 너무 피곤하고 바쁘신데 제가 상대성 이론을 30번 이상 들어서 거의 다 외웠으니 다음번에 제가 박사님을 대신해 강연하면 어떨까요?"

아인슈타인은 운전사에게 그렇게 하라고 했습니다. 운전사는 공교롭게도 아인슈타인하고 너무 닮아 서로 옷을 바꿔 입으면 아무도 눈치채지 못했습니다.

연단에 선 가짜 아인슈타인은 강연을 훌륭하게 소화했습니다. 말씨, 표정이 진짜 아인슈타인과 너무나 똑같았죠. 어쩌면 진짜 아인슈타인보다 더 잘했다고 할 수 있습니다. 그런데 문제가 생겼습니다. 한 교수가 상대성이론에 대한 질문을 하기 시작했습니다.

정작 놀란 것은 가짜보다 운전사 복장을 한 진짜 아인슈타인이었습니다. 가짜 아인슈타인은 조금도 당황하지 않았습니다. 빙그레 웃으면서 말 한마디로 위기를 모면했습니다.

"그 정도의 간단한 질문은 제 운전사도 답할 수 있습니다. 어이 여보게, 올라와서 쉽게 잘 설명해드리게나."

이렇게 해서 진짜 아인슈타인은 가짜 아인슈타인을 대신해 강의를 잘 마쳤다고 합니다. 만약 노벨 재치상이 있다면 이 아인슈타인의 운전사가 받지 않았을까요.

유머가 곧 행복이다

독일의 세계적 문학가 괴테는 인생을 즐겁게 살기 위해 조언을 아끼지 않았습니다. 그는 첫째, 지나간 일을 쓸데없이 후회하지 말라고 합니다. 잊어버려야 할 것은 깨끗이 잊어버리고 미래를 바라보는 미래 지향적 삶을 살라고 충고합니다. 둘째, 화를 내시 말라고 했습니다. 화난 상태에서 한 말이나 행동은 후회만 남습니다. 절대로 분노의 노예가 되지 말라고 조언합니다. 셋째, 현재를 즐기라고 합니다. 인생은 현재의 연속이므로 지금 하는 자기 일을 즐기고 그 일에 정성과 정열을 다하는 것이 가장 현명한 선택입니다. 마지막으로 남을 미워하지 말라고 합니다. 증오는 우리를 비열하게 만들고 우리의 인격을 타락시킵니다. 우리는 넓은 아량으로 남을 포용함으로써 삶을 얼마든지 즐겁게 만들 수 있습니다.

사랑하는 커플을 보면 두 사람 사이에 늘 유머가 끊이지 않습니다. 우리의 미래는 하늘과 신에게 맡기고 내가 하는 일에 전력을 다하면서 겸손하게 살아갑시다. 현재의 고통을 버리려고만 하지 말고 고통과 하나가 되어 유머와 재치로 극복하면, 우리의 인생은 즐겁고 행복해집니다.

저 또한 그런 마인드로 살려고 지금껏 부단히 노력해왔습니다. 어려움도 있었지만, 40여 년 이상 국내외 기업과 연구소에서 쌓은 경영과 기술 분야의 풍부한 경험을 이제는 많은 분들과 유연하게 나누고 싶은 마음이 큽니다. CEO가 되고자 하는 사람들과 이미 CEO로 활동하는 분들께 시적 영감과 더불어 긍정적인 혜안을 주고자 이 책을 썼습니다. 경영을 슬기롭게 헤쳐나갈 길을 찾는 모든 이에게 저의 삶이 조그만 등불이 되기를 바랍니다.

위기일수록 탁월한 리더는 인문학적 통찰에 주목한다!

탁월한 리더를 위한 인문 경영 바이블
리더의 시, 리더의 격

제1판 1쇄 발행 | 2022년 10월 28일
제1판 8쇄 발행 | 2023년 5월 31일

지은이 | 고두현 · 황태인
펴낸이 | 김수언
펴낸곳 | 한국경제신문 한경BP
책임편집 | 이혜영
저작권 | 백상아
홍보 | 이여진 · 박도현 · 정은주
마케팅 | 김규형 · 정우연
디자인 | 지소영
본문디자인 | 디자인 현

주소 | 서울특별시 중구 청파로 463
기획출판팀 | 02-3604-590, 584
영업마케팅팀 | 02-3604-595, 562   FAX | 02-3604-599
H | http://bp.hankyung.com   E | bp@hankyung.com
F | www.facebook.com/hankyungbp
등록 | 제 2-315(1967. 5. 15)

ISBN 978-89-475-4857-1   03320